GARE A LA BÊTE

ŒUVRES DE PHILIP JOSÉ FARMER
DANS PRESSES POCKET

LA SAGA DES HOMMES-DIEUX :

1. Le faiseur d'univers
2. Les portes de la création
3. Cosmos privé
4. Les murs de la terre
5. Le monde Lavalite

MÉMOIRES INTIMES DE LORD GRANDRITH :

1. La jungle nue
2. Le seigneur des arbres

UN EXORCISME :

1. Comme une bête
2. Gare à la bête
3. L'homme qui trahit la vie

L'odyssée verte
Le masque vide
Le privé du cosmos
Le jeu de la création (Grand Temple de la S.-F.)

SCIENCE-FICTION

Collection dirigée par Jacques Goimard

PHILIP JOSÉ FARMER

UN EXORCISME
RITUEL N° 2

GARE À LA BÊTE

Traduit de l'américain
par Michel Pétris

PRESSES POCKET

Titre original :

BLOWN

ISBN 2-266-02873-1

CHAPITRE I

La pluie semblait ne jamais devoir cesser.

Ce six au soir, dans une ville évoquant la planète Vénus vue par un auteur de science-fiction des années trente, Harald Childe suivait Vivienne Mabcrough.

Quelques instants plus tôt, il s'était arrêté à un feu rouge derrière une grosse Rolls-Royce noire, à l'intersection de Santa Monica Boulevard et de Canon Drive, à Beverly Hills.

Grâce à l'essuie-glace qui balayait la lunette arrière du véhicule, il avait pu apercevoir Vivienne Mabcrough. Assis à l'arrière avec un homme, elle avait tourné la tête au moment où le feu passait au vert, révélant un profil à jamais gravé dans la mémoire de Childe. Certes c'était le plus parfait qu'il lui ait été donné de voir. Et vu, pour la dernière fois, dans de telles circonstances que, malgré tous ses efforts, il lui était bien impossible de l'oublier [1].

Durant quelques secondes, tandis que les avertisseurs s'égosillaient derrière lui, il eut envie de la laisser filer. En la suivant, il parviendrait tout juste à se signaler à son attention — ainsi qu'à celle des êtres de son espèce. Et ça, c'était un risque qu'aucun homme sensé — et bien peu d'insensés — n'oserait affronter de gaîté de cœur.

Néanmoins, il lança sa Pontiac 1972 dans le sillage de la Rolls, coupant au passage la trajectoire d'une Jaguar qui avait surgi sur sa gauche pour le doubler. Le klaxon de la Jaguar éructa, et la bouche de son conducteur dessina des malédictions derrière l'écran moite de verre et de plastique. Une trombe d'eau gicla au pare-brise de Childe — mais les essuie-glace remplirent aussitôt leur fonction. Il vit la Rolls bifurquer vers l'ouest, en direction de Little Santa Monica, passant à l'orange. Il marqua l'arrêt au rouge et, ne voyant aucune voiture de police à l'horizon — pour autant qu'il put en juger à travers les paquets d'eau qui tombaient — brûla le signal pour s'engager à gauche. Il vit les feux arrière de la Rolls tourner à droite et suivit. La Rolls était garée devant le Moonlark Restaurant — Vivienne et son chevalier servant en sortaient. Ils n'avaient qu'un pas à faire pour gagner l'abri d'une marquise — un chasseur les y aida. Puis la Rolls repartit et Childe décida de la

1. Cf. *Comme une bête*, de P. J. Farmer, paru dans la même collection.

suivre. Le chauffeur était un larbin à casquette, il y avait donc de grandes chances pour qu'il ramène la voiture au domicile de Vivienne. Evidemment, la Rolls pouvait aussi appartenir à son partenaire d'un soir, mais peu importait : Childe voulait aussi savoir où celui-là habitait.

Bien que n'étant plus détective privé, Childe avait conservé son matériel d'enregistrement à bord de son véhicule. Il dicta le signalement de la voiture et son numéro d'immatriculation en remontant à sa suite Santa Monica Boulevard, puis Sunset Boulevard. La grosse voiture s'engagea dans Lexington Avenue et, deux rues plus loin, prit une allée circulaire pour s'arrêter devant une immense baraque à colonnades. Le chauffeur descendit de voiture et longea la maison pour gagner la porte de derrière. Childe parcourut encore quelques dizaines de mètres, puis rebroussa chemin à pied. A travers la pluie et la lumière crépusculaire, il était impossible de distinguer la moindre adresse. Il lui fallut remonter l'allée, en espérant que personne ne le repérerait. Il y avait de la lumière dans la maison, mais aucun signe de vie apparent.

Il retourna à sa Pontiac, y pénétra par la portière de droite : il ne tenait pas à mouiller ses belles chaussures et ses chevilles dans l'eau sale d'un gris brunâtre qui noyait toute la chaussée et commençait à envahir les plates-bandes latérales.

Une fois dans la voiture, il enregistra l'adresse. Mais au lieu de redémarrer immédiatement, il se cala derrière son volant pour tenter de mettre de l'ordre dans ses idées.

Depuis cette mémorable nuit dans la demeure du baron Igescu, ils lui avaient foutu la paix ; alors à quoi bon réveiller le chat qui dort ?

Ils tuaient, ils torturaient, ils séquestraient les gens — tout cela il ne le savait que trop par sa propre expérience. Mais rien de ce qu'il savait ne pouvait être prouvé. Qu'il aille raconter exactement ce qui s'était passé, et on l'enverrait illico à l'asile. Et, honnêtement, il ne pourrait pas blâmer les responsables de cette décision.

Parfois les souvenirs les plus vivement ancrés dans sa mémoire le trahissaient. Même le plus terrible d'entre eux : celui du jour où il avait tiré la chasse d'eau sur les restes de Dolores del Osorojo ! Tout ça lui paraissait relever du surnaturel.

L'esprit humain accepte certes de concevoir certaines catégories et formes inhabituelles de l'expérience. Mais ce qu'il avait vécu avec Igescu, Vivienne Mabcrough, Herbe-qui-Plie, Fred Pao et les autres, dans l'immense vieille demeure du nord de Beverly Hills dépassait l'entendement.

Il était donc tout naturel que son esprit s'efforce maintenant d'enterrer ces formes et catégories, de les enfouir et de les refouler dans le poussiéreux crépuscule souterrain de l'inconscient.

Mieux valait encore rentrer chez soi, à Topanga Canyon, et oublier tout cela — ou du moins essayer.

Childe poussa un grognement. Il était accroché et ne pouvait pas se désavouer comme ça. Depuis cette fameuse nuit, il n'avait cessé de s'interroger sur la véritable identité d'Igescu et de ses semblables. Etaient-ce vraiment des vampires, des loups-garous, — hommes-loups, hommes-renards — et autres créatures généralement considérées comme mythiques ? Même l'explication apparemment « scientifique » qu'avait fournie Igescu en reprenant les théories de Le Garrault, le vieil érudit belge, paraissait maintenant extravagante, mais elle avait le mérite d'aller chercher plus loin que la simple superstition.

Il grogna à nouveau, lâcha un juron. Il continuerait. S'il n'avait pas aperçu Vivienne, peut-être aurait-il fini par faire taire en lui cette hantise. Mais la soudaine rencontre de la jeune femme l'avait rendu aussi frétillant qu'un vieux limier à qui une bouffée de vent des montagnes apporte l'odeur du renard.

Il démarra et ne s'arrêta qu'une fois parvenu à une station-service de Santa Monica. Il y avait là une cabine téléphonique à partir de laquelle il appela le commissariat de police de Los Angeles. Son ami le sergent Furr finit par répondre. Childe lui demanda de chercher le nom du propriétaire de la Rolls. Furr lui promit de le rappeler incessamment.

Trois minutes plus tard, la sonnerie retentit.

— Hal ? J'ai trouvé ton affaire. La Rolls appartient à une certaine dame Vivienne — V-I-V-I-E-N-N-E — Mabcrough. Je ne sais comment tu prononces ça. M-A-B-C-R-O-U-G-H. Mabcrow ? Mabcruff ? J'en sais rien. De toute façon...

L'adresse correspondait à celle de la maison devant laquelle la Rolls s'était garée.

Childe remercia Furr et raccrocha. Vivienne était persuadée d'en avoir fini avec lui : elle avait, avec les autres, essayé de le tuer, elle avait causé la mort de son associé en lui tranchant la bitte d'un coup de dents — et elle savait qu'il le savait — et elle n'avait même pas pris la peine de changer de nom. Manifestement, elle pensait lui avoir suffisamment foutu la trouille pour lui ôter à jamais l'envie de se frotter à nouveau à elle ou à ceux de son espèce.

Progressant péniblement à travers les rafales de pluie, il réintégra sa voiture et, conduisant lentement et précautionneusement, il reprit la direction de la demeure où vivait Vivienne Mabcrough. La nuit tombait, et les rues du centre de Beverly Hills devenaient de véritables petites rivières qui envahissaient les trottoirs. Bien qu'on fût un jeudi soir, il y avait très peu de piétons dehors et, sur la chaussée, ce n'était pas l'habituel pare-chocs contre pare-chocs. On ne voyait pas une demi-douzaine de bagnoles dans un rayon de trois blocs. Sur Santa Monica Boulevard, la circulation était plus dense, car c'était le chemin qu'empruntaient ceux qui allaient vers Westwood ou West Los Angeles dans un sens, vers Los Angeles ou Beverly Hills dans l'autre.

Les phares faisaient l'effet d'yeux de monstres

diluviens pressés d'embarquer sur l'Arche. Une voiture avait calé en essayant de tourner à gauche pour prendre Beverly Drive, et derrière, les monstres cornaient et hululaient à qui mieux mieux. Childe s'engagea dans le carrefour : il lui fallut deux changements de feux pour réussir sa manœuvre, car les conducteurs qui venaient de droite et de gauche s'obstinaient à forcer le passage à tout prix, sans attendre que la voie fut dégagée.

Une fois sorti de là, il remonta Beverly Drive à une trentaine de kilomètres-heure, mais ralentit après quelques rues pour observer un prudent vingt kilomètres-heure. La nappe liquide était si profonde qu'il avait peur de noyer le moteur, et les tambours de freins commençaient à prendre l'eau. Il s'appliqua à exercer des pressions intermittentes sur la pédale, sans se faire trop d'illusions sur le résultat. Quatre voitures le dépassèrent ou le croisèrent à vive allure, projetant des gerbes d'eau contre la carrosserie. A chaque fois il réprima son envie de passer la tête à la portière pour envoyer au diable ces malotrus inconscients : il ne tenait pas à se faire asperger par la voiture suivante.

Il se gara à un demi-bloc de la maison Mabcrough. Des heures s'écoulèrent. Le temps lui parut terriblement long au début, mais bientôt les réflexes du privé habitué aux longues heures de planque reprirent le dessus. Il pissa à deux ou trois reprises dans un truc qui rappelait assez ceux utilisés par les pilotes de jets. Il mâchonna quelques biscuits et une lanière de bœuf séché, but du café enfermé dans un thermos. Minuit vint ; sa patience commençait à s'user sur la meule du temps. Il sentit que ses nerfs allaient lâcher, faillit succomber à la tentation de tout plaquer.

C'est alors que le chauffeur parut derrière la maison, gagna la Rolls, se mit au volant et démarra. Childe eut le temps d'apercevoir la silhouette sombre de l'homme se découper sur le fond des lumières allumées dans la maison. Il portait un imperméable de toile huilée et un morceau de plastique transparent et brillant pardessus la casquette. Quand la voiture passa devant lui, Childe se coucha sur la banquette. Il lui laissa prendre un peu d'avance, puis démarra à son tour, tous feux éteints dans les premiers mètres. Il pleuvait toujours et le niveau de l'eau avait encore monté dans les rues.

Le chauffeur se gara devant le club pour reprendre Vivienne et son cavalier, puis rebroussa chemin en direction de la maison. C'était ce qu'avait espéré Childe : il ne se sentait pas très chaud pour lui filer le train toute la nuit. La Rolls s'arrêta devant la grande véranda pour débarquer ses passagers, qui s'engouffrèrent dans la maison. Le chauffeur poursuivit sa route, sans doute pour gagner le garage sur le derrière. Childe était déjà descendu de voiture et contournait la maison. Il vit des lumières s'allumer à l'étage au-dessus du garage. Le chauffeur devait habiter là.

Il s'approcha de l'entrée de côté, entourée d'un dense massif d'arbrisseaux. Derrière lui, un mur le dérobait à la vue des voisins et il était fort peu probable qu'on puisse l'apercevoir de la rue.

Au bout d'un certain nombre d'essais avec différentes clés, la serrure finit par céder. Il promena le faisceau de sa lampe à la ronde sans rien trouver qui ressemble à un dispositif d'alarme. Il s'engagea lentement dans la maison, prêt à détaler si un chien signalait sa présence. Mais il n'y eut pas d'autre bruit que le carillon d'une vieille horloge à l'étage.

Quelques instants plus tard, il se trouvait tapi derrière la porte entrebâillée de la chambre de Vivienne.

Chapitre II

La pièce était très grande. La seule lumière venait d'un lampadaire dont le pied, haut de plus d'un mètre et taillé dans une sorte de pierre rouge qui ressemblait à du quartz, représentait deux nymphes — ou deux faunesses — nues, dos à dos. L'abat-jour semblait être en fin parchemin. A cette vue, Childe sentit un froid mortel l'envahir, comme si on lui avait enfoncé dans l'anus une énorme chandelle de glace qui lui serait remontée jusqu'au cerveau. Il se souvenait des peaux humaines qu'il avait découvertes dans un tiroir de la maison d'Igescu : des peaux prélevées sur des cadavres — ou peut-être sur des êtres encore vivants — puis recousues pour pouvoir être gonflées comme des baudruches.

Dans des tons bleus, rouges et pourpres, on voyait sur l'abat-jour des formes semi-humaines se tordant dans les flammes.

Les murs étaient revêtus d'une sorte d'épais capiton à triple motif qui se répétait à l'infini. Il y avait un satyre debout sur une pierre basse, une jambe légèrement levée. Le dos courbé, tête et bras levés, il soufflait dans une flûte de Pan. Une nymphe accroupie devant lui suçait un énorme dard violacé. Derrière elle, une créature mi-femme, mi-serpent : la partie inférieure était celle d'un gigantesque python portant des taches blanches et pourpres, et le haut, à partir du nombril, un corps de femme. Elle avait des seins lourds et fermes, avec des pointes dressées d'un rouge écarlate, un ravissant visage triangulaire encadré par une longue chevelure argentée. De ses doigts fuselés, elle écartait les fesses ovoïdes de la nymphe penchée vers l'avant et dardait une longue langue fourchue à l'entrée du vagin ou de l'anus.

Derrière la lampe se trouvait un immense lit à douze colonnes surmonté d'un baldaquin cramoisi d'où pendait une multitude de glands. Sur le lit, Vivienne et un homme, nus tous les deux.

Elle était couchée sur le dos, les jambes passées sur les épaules de l'homme. Il était sur le point d'enfoncer sa pine.

Childe regarda attentivement. Il s'attendait à quelque chose d'étrange de la part de l'homme, ou de la femme. Mais pour cette dernière, il savait à quoi s'attendre : alors qu'il rôdait à travers les passages secrets de la maison d'Igescu, il avait aperçu Vivienne dans sa chambre. Elle se croyait seule, et elle s'était fait l'amour à elle-même avec une ardeur paroxystique qu'il n'oublierait jamais.

— Rentre-la toi-même, mon chou, dit l'homme.

Il avait aux alentours de trente-cinq ans, un corps couvert de poils noirs qui commençait à s'empâter.

Soudain, il poussa un hurlement et jaillit du lit, d'un seul et brutal mouvement du bras, le corps tout entier raidi par une terreur sans borne.

Il recula, tenta de se lever tout en se détachant de Vivienne, dont les jambes s'envolèrent comme deux oiseaux effrayés l'un par l'autre.

L'homme tomba du lit et roula à terre. Il ne hurlait plus, mais tremblait en poussant des gémissements.

Vivienne se mit à quatre pattes et rampa vers le bord du lit pour le regarder. Une sorte de long serpent avec une tête sombre qui pendait entre ses jambes rentra dans la fente et disparut.

— Qu'est-ce qu'il y a, Bill ? demanda-t-elle du haut du lit. Tu as avalé ta queue ?

Il s'était maintenant remis sur son séant, palpant et regardant fixement son pénis. Il leva vers elle un regard chargé de surprise.

— Bon dieu ! Ce qui s'est passé ? Tu me demandes ce qui s'est passé ? J'ai cru... j'ai vraiment cru... tu as des dents dans le con ?

Il se remit sur pieds. Le gris de sa peau commençait à reprendre couleur. Il agita sa bitte dans la direction de Vivienne.

— Regarde-moi ça ! Il y a des marques de dents, là !

Elle prit l'organe flasque, pareil à un ver géant mais malade, et se pencha pour l'examiner.

— Où vois-tu des marques de dents ? dit-elle.

Il y a quelques petites entailles, mais rien de grave. Là ! Le petit garçon à sa maman se sent-il mieux, maintenant ?

Elle avait pris dans sa bouche le gros gland violacé, promenant sa langue sur la hampe.

Il recula en lançant :

— N'approche pas, femme !

— Tu deviens fou ? dit-elle.

Assise sur le bord du lit, elle pointait vers lui les cônes orgueilleux de ses seins splendides. Sa toison formait un large triangle d'épais poils d'un rouge cuivré, presque de la même nuance que la longue et lourde chevelure auburn qui encadrait son visage. Les jambes, très blanches, étaient extraordinairement longues.

Bill se tenait toujours à bonne distance. Il reprit :

— C'est sûr, quelque chose m'a mordu. Tu as des dents dans le con !

Elle se laissa retomber en arrière sur le lit, les jambes écartées, effleurant le sol du bout des orteils.

— Enfonce le doigt, chéri, pour te rendre compte à quel point tu es bête.

Il regarda fixement la toison rougeâtre et la fente entrouverte, lança d'un ton revêche :

— Je tiens à mon doigt, aussi !

Vivienne se remit brutalement sur son séant, le visage déformé par la rage.

— Espèce de trou du cul ! Je te prenais pour un vrai homme, sain de corps et d'esprit ! Je ne savais pas que t'étais un malade ! Des dents dans mon con, vraiment ! Fous le camp d'ici avant que j'appelle les infirmiers de l'asile !

Bill eut un regard égaré.

— Je te jure, je ne vois vraiment pas comment l'expliquer ! Peut-être que je perds la boule ! Ou alors c'était simplement une impression passagère, cette sensation de brûlure ! Mais non, bon dieu, on aurait vraiment dit des petites dents ! Ou une pelote d'épingles !

Vivienne descendit du lit et étendit une main vers Bill.

— Allons, viens, mon chou. Assieds-toi sur le lit. Là !

Elle tapota le bord du lit.

Bill devait avoir compris qu'il se rendait ridicule. Et la vue des formes provocantes de Vivienne, de son visage d'une insolente beauté l'aida à surmonter ses craintes. Sa queue reprit du volume, sans pour autant se dresser. Il s'assit sur le bord du lit, tandis que Vivienne allait s'emparer d'un oreiller qu'elle jeta sur le sol pour y poser ses genoux.

— J'ai des dents dans la bouche, mon chou, mais je sais m'en servir, dit-elle.

Elle se saisit de l'organe à demi érigé et promena sa langue par petits coups sur le bout du gland. Bill eut un léger sursaut, puis s'installa plus confortablement pour la regarder prendre dans sa bouche la moitié de son membre. Elle commença à mouvoir lentement la tête d'avant en arrière, et l'organe disparut entièrement pour reparaître, rouge et luisant.

Tremblant, poussant de petits gémissements,

Bill gardait son regard braqué sur la bitte qui entrait et sortait entre les lèvres rouges et gonflées. Manifestement, ce spectacle accroissait encore sa jouissance.

Harald Childe se demandait si cela valait la peine de rester. Il était là pour tenter de dénicher tout ce qui était de nature à accabler Vivienne et ses pairs. S'il voulait trouver des noms, des adresses, des documents, des enregistrements, des films, ou tout autre objet qui apporterait la preuve de leurs activités criminelles, c'était maintenant qu'il devait le faire. Occupée comme elle l'était, il était peu probable que Vivienne prête attention aux bruits provenant d'une autre partie de l'appartement.

Mais c'était l'homme qui le préoccupait. De toute évidence, il n'était pas au courant des particularités physiologiques de Vivienne et des conséquences fatales qui en résultaient pour les autres. Du moins Childe supposait-il qu'elles étaient fatales : il ne l'avait jamais vue tuer ou même blesser personne, mais il était certain qu'elle était bâtie sur le même modèle que ses sinistres partenaires.

Ce Bill était un innocent en ce sens que c'était une victime. Il n'avait sans doute jamais rien fait pour contrecarrer les agissements de ces monstres : ce n'était qu'un partenaire de rencontre — tout comme l'ex-associé de Childe.

Childe frissonna au souvenir du film que les tueurs avaient fait parvenir à la police. On y voyait son associé en train de se faire sucer, exactement comme Bill en ce moment. La femme avait enlevé son dentier, l'avait remplacé par un jeu de dents d'acier tranchantes comme des rasoirs et avait d'un claquement de mâchoires décapité la bitte de son associé.

Depuis lors, les rêves de Childe étaient traversés par le souvenir de la fontaine vermeille qui avait jailli soudainement.

Il prit le parti d'intervenir. Ce faisant, il se privait de l'occasion d'inspecter la maison. Mais il devait agir pour que rien n'arrive à cet homme. Et agir vite. Mais pas tout de suite. Il *fallait* qu'il sache ce qui allait se passer. Il attendrait encore un peu avant de faire irruption dans la chambre.

Vivienne se leva brusquement, dévoilant le membre rouge et gonflé de Bill qui pendait à un angle de quarante-cinq degrés.

— Remonte sur le lit, mon chou, et allonge-toi, dit-elle.

Toutes les préventions qu'il avait pu conserver à son égard s'étaient évanouies en même temps que s'accroissait sa pression sanguine. Il se rejeta en arrière et s'allongea, la tête sur l'oreiller, tandis qu'elle grimpait sur le lit. Elle s'affaira encore quelques instants sur le gland avec la bouche, puis dit :

— Bill ?

Il demeurait à plat dos, les bras écartés, le visage tourné vers le ciel. Ses yeux étaient grands ouverts. Il ne répondit rien.

— Bill ? répéta-t-elle, un peu plus fort.

N'obtenant toujours pas de réponse, elle se pencha sur lui et scruta son visage. Elle lui pinça la joue, puis la gratta du bout des ongles. Un peu de sang perla, mais il ne fit aucun mouvement. Seul son membre se redressa, épais, luisant, rouge violacé.

Vivienne se retourna alors, et Childe vit le sourire qui se peignit sur son visage. Quelles que soient ses intentions, pour elle tout se déroulait comme prévu.

C'était le moment où jamais pour intervenir, mais il était trop fasciné pour faire un mouvement. Bill paraissait paralysé. Comment et pourquoi, Childe était incapapble de le dire. Du moins au début. Puis il comprit que la chose qui avait mordu Bill au popaul avait des dents empoisonnées. Le venin l'avait congelé, à l'exception de la bitte où l'on voyait encore battre le sang.

La femme l'enfourcha pour pouvoir faire pénétrer la bitte dans son vagin. Mais elle n'alla pas plus loin que le gland, et cessa de peser sur le corps immobile. Elle demeura dans cette position une trentaine de secondes, tremblant violemment, comme emportée par un orgasme. Après quoi elle se retira d'un coup, dévoilant le pénis toujours dressé. Mais des petites rigoles de sang coulaient de plusieurs endroits entre le gland et le corps du membre.

Vivienne fit demi-tour pour l'enfourcher à nouveau, en lui tournant le dos. Elle glissa une main sous ses fesses pour saisir la queue et l'enfoncer en elle. Mais cette fois, elle la fit lentement glisser dans son anus. Et quand le gland eut disparu, elle cessa de peser. Childe eut la rapide vision de ce qui allait suivre. Il avait la nausée, savait qu'il devait mettre un terme à ce viol monstrueux, mais était taraudé par le désir de voir ce que, pour autant qu'il sache, aucun homme vivant n'avait encore pu contempler. Aucun homme *vivant.*

Vivienne attendit encore un peu, puis les lèvres de sa fente se dilatèrent et s'ouvrirent. Le tapis dense d'abondants poils roux se partagea en deux, et une petite tête apparut, toute gluante de sécrétions vaginales. On reconnaissait un visage masculin : des cheveux noirs, une fine moustache et une petite barbiche. Les yeux étaient deux grenats sous des sourcils pas plus épais qu'une patte de Veuve Noire ; les lèvres, si minces qu'on les distinguait à peine ; le nez, long et busqué.

La tête s'avança tandis que le corps continuait à émerger du vagin, tel un serpent. Elle se dressa et Childe entendit un sifflement — qui n'était que le produit de son imagination. Elle glissa sur les bourses fripées et se coula en dessous, apparemment à la recherche de l'anus. Puis elle disparut, tandis que le corps continu à se délover en sortant de la fente. A présent, elle devait s'être profondément enfoncée dans les intestins de l'homme.

Childe sortit brusquement de sa torpeur. Il secoua la tête, comme quelqu'un qui sort d'un rêve. Il n'était pas très sûr de ne pas avoir vécu cette scène hallucinante dans un état de semi-hypnose.

Il franchit le seuil à l'instant où Vivienne se

laissait retomber sur le pénis, l'enfonçant tout au fond de son cul. Elle avait les yeux fermés, une expression extatique sur le visage. Il parvint tout près d'elle pendant qu'elle se laissait aller et venir tout au long du membre en grognant des mots dans une langue étrangère. On entendait uniquement le son de sa voix, la pluie qui battait aux fenêtres et les grincements des ressorts du sommier, tandis qu'elle glissait sur la pine comme un singe sur un mât.

De plus près, Childe put voir que le corps pâle et visqueux de la chose était dans l'anus de l'homme. Apparemment, il était allé aussi profond qu'il pouvait ou qu'il voulait, car il ne bougeait plus. Childe sentit un nausée l'envahir à l'idée de la tête, grosse comme une balle de golf, qui ouvrait des yeux cruels et aveugles dans la nuit des entrailles, se délectant des friandises qu'elle y était allée chercher.

Chapitre III

Il étendit la main et toucha le mamelon d'un rose sombre au bout du sein orgueilleux.

Elle réagit violemment. Ses yeux s'ouvrirent tout grands sur le violet somptueux de l'iris, et elle se leva d'un bond, abandonnant le membre palpitant, tirant le corps de la créature hors du corps de l'homme. Il y eut un bruit de ventouse, et de la petite bouche de la créature jaillit un flot de jurons furieux proférés d'une voix aiguë. C'est du moins ce qu'il sembla à Childe, incapable d'identifier les vocables du langage employé. Les mots paraissaient avoir une consonance latine ; on aurait vaguement dit du français, ou du catalan, ou quelque chose d'approchant.

A la vue de Childe, la créature se dressa sur son corps, qui s'enroula en arrière de la tête comme celui d'un serpent à sonnettes, tandis que Vivienne se réfugiait à l'autre extrémité du lit, hors d'atteinte de Childe. Là, elle s'accroupit, pour permettre à la créature de réintégrer l'abri du vagin. Mais auparavant, celle-ci fixa sur

Childe des yeux rouges brillant d'un éclat si meurtrier que l'ex-détective éprouva la sensation quasi physique d'une morsure. Puis la tête disparut par la fente, les lèvres se refermèrent. On aurait pu croire que la chose n'avait jamais existé. La chose ne *pouvait pas* exister.

Childe s'avança vers l'homme et le gifla. Sa main s'imprima en rouge sur la peau, mais il n'y eut pas d'autre réaction. L'homme avait toujours les yeux tournés vers le plafond ; sa poitrine s'élevait et s'abaissait lentement, tandis que le membre perdait sa belle raideur, devenait tout flasque et rabougri.

— Inutile, si je ne lui donne pas l'antidote, dit Vivienne.

Elle reprenait couleur, parvenait même à sourire.

— Alors donnez-le lui ! dit Childe.

— Sinon ?

Il n'y avait pas d'animosité dans sa voix, une simple interrogation.

— Sinon j'appelle les flics.

— Si vous le faites, dit-elle sans s'émouvoir, c'est vous qui vous ferez embarquer. Je dirai que vous êtes entré par effraction, que vous avez tenté de me violer, et que vous vous êtes livré à des voies de fait sur la personne de mon ami ici présent. Je pourrai même ajouter une tentative de meurtre.

Pourquoi seulement « tenté » de la violer ? se demanda Childe.

Puis il se souvint qu'elle n'était certainement

pas disposée à affronter le risque d'un examen approfondi, et reprit :

— Ma situation n'est peut-être pas des meilleures, mais je ne crois pas que vous teniez à faire beaucoup de publicité autour de vous.

Elle descendit du lit, l'effleurant au passage d'une hanche douce, et se dirigea vers sa coiffeuse. Elle reprit une cigarette, l'alluma et lui en offrit une. Il secoua la tête.

— Monsieur ne se commet pas avec n'importe qui ? dit-elle.

— J'attends que vous lui donniez l'antidote, répliqua-t-il. Peu importe ce que ça me coûtera, mais je pousserai des hurlements à faire crouler la maison.

— Très bien, dit-elle.

Elle ouvrit un tiroir, étroitement surveillée par Childe qui tenait à s'assurer qu'elle n'allait pas y chercher une arme. Elle prit une grosse aiguille dans un petit creux ménagé sur le dessus d'un bloc de bois rouge sombre, et s'approcha de l'homme. Elle planta l'aiguille dans la veine jugulaire et retourna à la coiffeuse. Sitôt l'aiguille remise en place, Bill commença à remuer les jambes et la tête. Au bout de quelques instants, il poussa un grognement et s'assit sur le bord du lit. Il posa sur Childe et sur Vivienne, toujours dans le plus simple appareil, le regard d'un homme qui ne sait pas très bien où il en est.

— Etiez-vous conscient ? interrogea Childe.

Bill hocha la tête. Il regardait fixement Vivienne avec une expression bizarre.

— C'est pas possible ! éclata-t-il. Mais qu'est-ce que tu as foutu ? Espèce de cinglée ! Détraquée sexuelle !

Childe ne comprit pas tout de suite. L'expression paraissait si faible en regard de ce qui s'était passé. Puis il comprit que Bill n'avait pas vu la créature sortir du vagin de Vivienne. Il devait croire qu'elle lui avait enfoncé un quelconque objet dans l'anus.

— Tes vêtements sont là, dit-elle en désignant une chaise de l'autre côté du lit. Habille-toi et fous le camp.

Bill se leva et contourna le lit d'une démarche mal assurée. Tandis qu'il se rhabillait maladroitement, il lança :

— Vous allez voir ! Les flics seront là avant que vous ayez eu le temps de faire ouf ! Me droguer ! Moi ! Mais pourquoi ? Qu'est-ce qui a bien pu vous passer par la tête ?

— A votre place, je n'appellerais pas les flics, dit Childe. Vous l'avez entendue ? Vous vous retrouveriez avec une floppée de chefs d'accusations sur les bras et, croyez-moi, cette femme bénéficie d'appuis non négligeables. Par ailleurs, je la crois très capable d'un meurtre.

L'air effrayé, Bill acheva à la hâte de se rhabiller.

Vivienne consulta sa montre et dit :

— Harald et moi avons à nous entretenir de choses pressantes. Dépêche-toi s'il te plaît.

— Ouais, je vois le genre d'entretien que des détraqués comme vous peuvent avoir ! lâcha Bill en les considérant tour à tour par en dessous.

— Espèce d'abruti ! fit Childe. Tu comprends pas que je t'ai sauvé la vie !

Il observa Vivienne. Elle était appuyée contre la coiffeuse, dans une posture qui accusait la courbe voluptueuse de la hanche. Il la haïssait. Elle était si belle, si désirable. Et si glacialement mortelle, si *monstrueuse* dans toutes les acceptions de ce terme souvent vidé de son sens.

Bill était maintenant rhabillé, à l'exception de son imperméable et de ses caoutchoucs qui, pensa Childe, devaient se trouver en bas, dans le placard immédiatement après l'entrée.

— Bye-bye, les tantes ! marmonna Bill en passant la porte. Je viendrai vous voir au trou, vous pouvez en être sûrs !

Vivienne éclata de rire. Childe eut presque envie d'accompagner l'homme jusqu'à ce qu'il soit en lieu sûr. Il avait suivi Vivienne dans ce repère de — il ne voyait pas très bien comment la qualifier, elle et ses congénères — et il se demandait s'il n'avait pas fait une erreur. Il avait certes secouru une victime, mais la victime était si bête qu'elle ne se rendait même pas compte du danger auquel elle avait échappé. Tant pis pour elle.

Vivienne attendit que la porte d'entrée ait été refermée bruyamment, puis elle s'avança lentement vers Childe, en ondulant des hanches.

il recula, dit :

— Tenez-vous à distance, Vivienne. Je n'éprouve aucun désir pour vous. Inutile d'essayer de m'avoir au charme, si c'est ce que vous avez en tête.

Elle eut un nouveau rire et s'assit au bord du lit.

— Non, bien sûr que non ! fit-elle. Mais pourquoi êtes-vous ici ? Nous vous avons laissé en paix, bien qu'il nous eût été très facile de vous tuer à n'importe quel moment. Et peut-être aurions-nous dû le faire, après tous les ennuis que vous nous avez causés.

— Si vous étiez humaine, vous comprendriez pourquoi.

— Ah, vous voulez parler de la curiosité naturelle des singes ? Vous savez comment font les Malais pour les attraper ? Ils mettent de la nourriture dans un vase pourvu d'un col assez grand pour que le singe puisse y introduire la patte, mais trop étroit pour qu'il puisse la retirer sans lâcher la nourriture. Naturellement, il ne lâche jamais prise, ce qui permet au chasseur de l'attraper.

— Oui, je sais, dit-il. Votre comparaison est assez exacte. Je suis ici parce que je persiste à penser que votre bande a quelque chose à voir avec la disparition de ma femme. Je sais que vous le niez, mais je ne peux pas m'ôter de l'esprit que vous vous êtes débarrassés de Sybil. Vous en êtes très capables. Rien de ce qui est inhumain ne vous est étranger.

— Inhumain ? releva-t-elle avec un sourire.

— Très juste. Bien renvoyé, dit-il. Toutefois, nous nous trouvons seuls dans cette maison, personne, Bill mis à part, ne sachant où je suis. Et, outre qu'il ignore mon identité, il se gardera bien de parler de moi à quiconque, considérant les conséquences possibles et surtout le fait qu'il peut lui-même être suspecté.

— Suspecté de quoi ? fit-elle en ouvrant de grands yeux. (Et, sans lui laisser le temps de répliquer, elle reprit :) Je ne crois pas qu'il parle de quoi que ce soit à qui que ce soit.

— Que voulez-vous dire ? lança-t-il, bien que ne sachant que trop ce qu'allait être la réponse.

Elle consulta sa montre et dit :

— En ce moment, il doit être en train de succomber à une crise cardiaque. (Elle leva les yeux et lui sourit à nouveau :)

— Pâle et désemparé ! Le petit enfant qui a perdu sa maman ! Que croyiez-vous, que j'allais courir le risque de le laisser tout raconter à la police ? Evidemment, je pouvais le lui faire regretter en l'envoyant en prison sous une demi-douzaine de chefs d'accusation. Mais je ne veux aucune publicité, quelle qu'elle soit. Voyons, Harald Childe, comment pouvez-vous être naïf à ce point ?

Childe secoua l'étau de glace qui le maintenait prisonnier. Il bondit vers elle, mains en avant. Elle tenta de lui échapper en roulant de l'autre côté du lit, mais il l'empoigna par une cheville. Il l'attira à lui, malgré la ruade qu'elle lui décocha dans l'épaule de son talon libre. Il se pencha, fourra trois doigts dans le vagin humide et sonda. Quelque chose de brûlant toucha un de ses doigts : il comprit que c'était une morsure, mais il enfonça la main plus avant, aussi loin que possible.

Malgré les hurlements de douleur de Vivienne

et les multiples morsures, il parvint à saisir la petite tête. Elle glissait entre ses doigts, résistait, mais finit par émerger du con, avec sa bouche qui remuait spasmodiquement, les dents minuscules brillant à la lumière, les yeux pareils à des joyaux rouges fichés dans une face de poupée barbue. Il pressa son épaule gauche contre la jambe droite de Vivienne pour l'empêcher de ruer et, de l'épaule droite, prit appui contre l'autre jambe. Elle le saisit aux cheveux, tira avec une telle violence qu'il faillit lâcher la créature. Mais il tint bon et, bandant toute son énergie, se rejeta brutalement en arrière. Le corps serpentin jaillit de la fente, tandis que la petite bouche criait comme un lapin qu'on égorge.

Au moment où il touchait le sol, il vit la queue émerger du vagin. C'était venu beaucoup plus facilement qu'il n'aurait cru. Peut-être s'était-il trompé en croyant que la chose était ancrée à l'intérieur de la chair de Vivienne.

Mais il y avait bien de petites racines rouges qui pendaient au bout de la queue, et Vivienne gisait sur le sol à côté de lui, hurlant et se tordant de douleur.

Il se leva d'un bond et jeta la chose au loin. Le petit corps visqueux et musclé, la tête maculée de graisse, la méchanceté foncière du visage et des yeux composaient un mélange si hideux qu'il se sentit sur le point de vomir.

Le corps décrivit une courbe au-dessus du lit, atterrit de l'autre côté avec un bruit mou, puis bascula et disparut à sa vue.

Vivienne, la peau grise, les yeux transformés en vastes taches blanches parsemées d'îlots violets, cessa de hurler et dit :

— Ça y est ! Vous avez réussi ! J'espère que j'arriverai à me rassembler, cette fois encore.

— Quoi ? dit-il.

Il avait du mal à se tenir debout. La douleur dans ses doigts s'atténuait, mais uniquement à cause de l'engourdissement qui envahissait son bras, gagnait le côté. Les contours de la pièce devenaient flous et le corps blanc de Vivienne, avec le triangle auburn entre les jambes et les racines de chair arrachées qui dépassaient de la fente, semblait tournoyer en s'éloignant.

— Tu ne peux pas comprendre, espèce d'humain stupide !

Il se laissa tomber à genoux puis s'assit en tentant de prendre appui sur un bras qu'il sentait se transformer en caoutchouc. Le pubis de Vivienne se trouvait directement sous son regard, de sorte qu'il put tout voir malgré le trouble croissant de sa vision.

La peau se fendillait autour des poils du pubis. La fente devint une crevasse profonde et tranchée, comme si d'invisibles couteaux s'enfonçaient en elle, manipulés par des chirurgiens décidés à détacher d'un bloc le vagin et la matrice.

D'autres crevasses se creusèrent au niveau de la taille, des cuisses, des genoux, des mollets, des pieds.

Il se pencha pour mieux voir. Il y avait des failles qui s'ouvraient aux poignets, aux coudes, autour des seins, du cou. On aurait dit une poupée brisée jetée sur le macadam.

Reportant son regard sur le con, il s'aperçut que celui-ci avait quitté l'emplacement qu'il occupait entre les jambes de Vivienne. Il avançait maintenant sur ses propres jambes — une vingtaine ou plus de petits membres, ayant l'épaisseur d'une aiguille, de couleur rouge chair. Le « dos » était composé par le pubis et son épaisse toison auburn, la fente et le mont de Vénus. Le « ventre », c'était le revêtement protecteur du canal vaginal. Derrière venait l'utérus porté par une multitude de petites jambes, qui suivait le vagin comme pour s'y ressouder.

La cavité dégagée par cet exode livra passage à d'autres organes, parmi lesquels il put en identifier quelques-uns. Ce nodule et ce repli de chair, c'était certainement les trompes de Fallope et l'ovaire, mais ça, qu'est-ce que ça pouvait bien être ?

Entre temps, les crevasses du torse s'étaient rejointes : les seins glissèrent sur la pente des côtes et roulèrent par terre. L'un retomba sur ses pattes et s'empressa de décamper, mais l'autre atterit sur le dos — c'est-à-dire le devant — et resta quelques instants à agiter ses petites pattes d'araignée avant de pouvoir se remettre sur ses pieds — si l'on peut dire.

Le ventre s'était partagé selon un axe médian et un axe horizontal, tout comme le haut du tronc. L'anus et les hémisphères fesssiers se détachèrent. Les jambes de cette créature étaient plus solides d'aspect, mais paraissaient avoir du mal à supporter le poids de la chair. Elle n'avançait que lentement, tandis que les mains, portées par les doigts devenus jambes, avaient déjà traversé la pièce à toute vitesse pour disparaître sous le lit.

La tête faisait elle aussi mouvement vers le dessous du lit. Elle se déplaçait sur des jambes grêles d'une dizaine de centimètres de long pour moins d'un millimètre et demi d'épaisseur. Quatre jambes plus longues qui avaient surgi derrière les oreilles l'aidaient à maintenir son équilibre vertical. Les yeux de Vivienne étaient ouverts et cillaient fréquemment : elle semblait aussi consciente dans cet état que dans le précédent, mais ne regardait pas dans la direction de Childe.

Il sentit une nausée l'envahir, mais n'eut pas vraiment envie de vomir. En tout cas, il ne sentait rien remonter. A l'intérieur de lui, tout était trop engourdi pour laisser place à autre chose qu'une vague sensation de malaise.

Il roula sur le côté et ne put se relever, en dépit de tous ses efforts. Ou plutôt de ses velléités d'effort, car tout ceci ne concernait que son esprit. Pour autant qu'il s'en rende compte, il était incapable de communiquer à ses muscles le moindre frémissement.

Chapitre IV

Comme la petite tête de la créature apparaissait de l'autre côté du lit, Childe comprit ce qu'il avait fait : en tirant brutalement sur cette chose, il l'avait arrachée à une partie du corps de Vivienne — à l'utérus, sans doute. Et c'était bien là son intention. Mais jamais il n'aurait cru que ça se passerait comme avec ces poupées mexicaines — comment les appelait-on déjà ? — qu'on voit à Noël : on tire sur une ficelle, et elles éclatent pour déverser toutes les friandises qu'elles contiennent.

La créature, c'était sa ficelle à elle, et une fois la ficelle arrachée, elle était partie en morceaux, déversant toutes les friandises de son être. Friandises qui entamèrent une danse digne du pinceau d'un Bosch.

Maintenant, la créature serpentait lentement vers lui, haussant sa petite tête luisante — la barbiche, les dents pointues, le nez recourbé, les yeux de grenat qui le fixaient. La bouche se tordait rythmiquement, et un sifflement continu sortait des lèvres invisibles.

Childe demeurait cloué sur le côté, les yeux rivés sur la chose qui se rapprochait. Il se demandait quelles étaient ses intentions — quel sort elle lui réservait. Sa morsure était empoisonnée, et si le poison avait paralysé Bill sans rien lui enlever de sa capacité sexuelle, une seconde morsure pouvait être fatale. Vivienne avait d'ailleurs dit qu'il fallait administrer un antidote, et c'était à sa connaissance la seule personne susceptible de le faire. Mais pas dans l'état où elle se trouvait.

Un paquet d'intestins lovés sur eux-mêmes passa devant lui, dérobant momentanément à sa vue la créature-serpent. Derrière venait la région spinale, mille-pattes de chair et d'os. Elle alla buter contre un pied qui se déplaçait, plante tournée vers le haut, sur vingt jambes qui l'acheminaient vers la destination qu'il s'était choisi. La colonne vertébrale et le pied roulèrent sur le côté et agitèrent quelque temps convulsivement leurs pattes avant de reprendre leur progression.

La créature-serpent se rapprochait toujours. Childe la suivait du regard, se demandant si elle portait en-dessous des plaques capables de lui assurer cette démarche reptilienne. Avait-elle un squelette d'ophidien ?

Il était si engourdi qu'il ne lui venait même pas à l'esprit de se demander comment tout ceci pouvait être possible : il se bornait à enregistrer le processus.

Maintenant, le con aux multiples pattes, toujours suivi par l'utérus, se dirigeait vers lui. La bête au dos velu heurta son estomac, recula en titubant et vint à nouveau se cogner contre son corps pour en suivre à tâtons le contour. Arrivée au niveau du menton, elle s'arrêta, grimpa en direction de la bouche et s'immobilisa à nouveau. Il ne pouvait la voir, mais eut la nette impression qu'elle se penchait sur ses lèvres. Les poils chatouillèrent son nez lui donnant envie d'éternuer. L'odeur qui s'en dégageait était agréable, avec une senteur légèrement musquée. En d'autres circonstances, il l'aurait appréciée sans retenue. Le con demeurait sur lui, s'attardant sur la bouche, comme s'accrochant à quelque chose de familier à travers son état de surdi-mutité. L'utérus s'était niché contre son cou, frottant sa peau humide contre sa peau.

La créature-serpent continuait à ramper vers lui, puis disparut derrière sa nuque. Il tenta de rejeter la tête en arrière, de la tourner — mais en vain. Il sentit la chose ramper sur sa nuque. Il voulut crier, produire un effort surhumain qui lui permettrait de s'arracher à sa propre peau pour se ruer hors de cette pièce. Puis la créature se trouva lovée contre sa joue, la barbe humide chatouillant le lobe de l'oreille.

La voix était petite, métallique.

Les mots étaient incompréhensibles. Ils étaient prononcés dans la langue qu'il avait déjà entendue, quelque chose entre le français et l'espagnol. Un peu comme du français non nasalisé, non troqué. Une sorte de vieux français, peut-être.

La petite voix métallique s'emportait. Il sentit une langue fourchue lui chatouiller le pavillon de l'oreille.

Puis soudain, ce fut le silence. Le corps serpentin était toujours là, mais il ne bougeait plus. La créature-vagin déguerpit sans crier gare, suivie par la créature-utérus. La tête de Vivienne émargea de dessous le lit et se dirigea lentement vers lui. La langue pointait entre les lèvres entrouvertes, et les yeux le fixaient sans ciller.

La tête s'arrêta à moins d'un mètre de ses yeux. Les yeux de Vivienne se levèrent — visiblement vers la chose lovée contre sa joue. Les lèvres remuèrent, mais aucun son n'en sortit. Cela n'avait rien d'étonnant, puisque elle n'avait pas de poumons. Ces derniers se dirigeaient vers le mur du fond, comme deux dinosaures traversant un marécage asséché.

Peut-être la créature était-elle capable de lire sur les lèvres. Vivienne était peut-être en train de lui donner des instructions pour mettre en route le processus de rassemblement.

Mais s'il ne devait pas y avoir de rassemblement ? Si tout ceci était définitif ? Que savait-il d'elle et de ses semblables ? Ils étaient certes tous étranges, mais certains l'étaient plus que d'autres. Et de tous, Vivienne était la plus déconcertante. On ne pouvait la faire entrer dans aucune catégorie traditionnelle — vampire, lamie, fantôme, loup-garou ? Il était très possible qu'une fois le cordon arraché, la chose extirpée, elle ne soit plus rien. Bien évidemment, elle, c'est-à-dire ses restes désassemblés, ne pouvaient pas survivre longtemps dans cet état. Ils devaient manger, excréter, comme n'importe quel corps soumis aux lois de la nature, même s'ils paraissaient surnaturels.

Il n'y a rien de surnaturel dans l'univers. Il n'y a que des choses non encore expliquées. Tout peut être expliqué par les lois naturelles. Si on ignore certaines lois, on croit que la chose est surnaturelle.

La créature-serpent coula sur ses yeux et regagna le plancher. Elle rampa vers la tête de Vivienne et se lova devant elle, levant la partie supérieure de son corps pour planter ses yeux dans ceux de Vivienne. Elle oscillait d'avant en arrière comme un cobra, tournant la tête de temps à autre. La bouche remuait, le visage était tordu par la rage. C'est uniquement quand la tête se trouvait tournée vers lui que Childe parvenait à entendre la petite voix couinante. C'était toujours la même langue inconnue.

La créature communiquait, ou s'épuisait à essayer de communiquer quelque chose. Elle fit volte-face et rampa jusqu'à un point situé juste derrière le menton de Childe. Ce n'est qu'au bout d'un instant qu'il comprit ce qu'elle faisait. Elle repassa devant ses yeux, remorquant l'utérus. La queue avait rejoint l'intérieur de l'organe, et s'y était probablement à nouveau implantée. Puis la créature rebroussa à nouveau chemin et elle s'arrêta quand l'utérus fut au niveau du front de Childe. Le vagin s'éloigna, et Childe put voir la créature-serpent qui le poussait de la tête, comme un chien rassemblant les animaux d'un troupeau.

Une fois le vagin en place, elle s'introduisit par l'arrière et émergea par la fente. Comme obéissant à un ordre télépathique, le vagin se déplaça vers l'arrière, jusqu'à ce qu'il se trouve réuni avec la créature-utérus.

Et maintenant ? se demanda Childe, commençant pour la première fois à se soucier de son sort. Peut-être les effets du poison se dissipaient-ils. Peut-être Vivienne avait-elle menti quant à la nécessité de l'antidote. Si elle avait tenu à en donner un à Bill, c'était sans doute pour le voir disparaître plus rapidement. Et elle en avait profité pour lui administrer le poison qui arrêterait son cœur. Si du moins elle n'avait pas menti sur ce point.

Il essaya de remuer, mais sans plus de succès qu'avant. Toutefois, il avait des idées et une vision plus nettes.

Et en même temps, il commençait à ressentir le caractère radicalement *étranger* de la forme de vie avec laquelle il se trouvait confronté. Il était impensable qu'un corps vivant puisse se scinder en une multitude de petites créatures animées d'une vie propre. Et pourtant, cela était. Elles étaient là, devant ses yeux. Comment parvenaient-elles à survivre aussi longtemps ? La circulation sanguine, entre autre, s'était trouvée interrompue. Ça se voyait très bien. Là, le cœur, veines et artères obstruées, s'éloignait en direction du lit, porté par trente petites pattes grêles. Il faisait un peu penser à un poulet décapité.

Mais comment ces créatures pouvaient-elles continuer à vivre, sans apport d'oxygène et sans pouvoir éliminer les déchets ? Elles devaient avoir une source d'énergie et des modes d'excrétion auxiliaires. Il ne pouvait en être autrement !

Et comment le corps de Vivienne pouvait-il abriter toutes ces crevasses et fissures, toutes ces jambes, tous ces mystérieux mécanismes biologiques ? Elle aurait dû avoir une apparence grasse, un extérieur bouffi — mais non. Son corps affichait une plastique sans reproche, et son visage, son visage d'une rayonnante beauté, se promenait maintenant là sur une vingtaine de jambes grêles, étayé par quatre supports auxiliaires nés derrière les oreilles !

Remorquant toujours l'utérus, la créature-serpent passa devant lui en quête de l'anus et des fesses. Mais ensuite ? Son allure devenait cahotique, maladroite, le poids commençait visiblement à se faire sentir. Pendant ce temps, la tête n'était pas restée inactive. Elle était parvenue à rassembler deux épaules, qui se trouvaient maintenant dans un coin de la pièce. Puis elle se lança à la poursuite de diverses créatures-entrailles, tandis que la créature-serpent entrait à reculons dans les fesses et l'anus qu'elle accrochait comme une locomotive de manœuvre accouplant un certain nombre de voitures.

A cet instant, Childe sentit le sol vibrer légèrement sous lui. L'instant suivant, deux grands pieds chaussés venaient se poser à côté de sa tête. Puis les chaussures le dépassèrent, et il put identifier leur propriétaire : le chauffeur. C'était un homme de stature imposante, le teint basané comme celui d'un Sicilien, mais les traits étaient nordiques : un visage large aux pommettes hautes, un front vaste et des cheveux franchement noirs. Il ne paraissait pas le moins du monde troublé par le spectacle qui s'offrait à lui.

Avec des mouvements vifs mais précis, il entreprit de rassembler Vivienne Mabcrough. Les pièces, assemblées ou emboîtées, retrouvèrent rapidement leur place. Le corps de Vivienne, ayant recouvré son unité, se trouvait maintenant allongé à terre. Les fissures se ressoudèrent. Les crevasses se comblèrent. Les clivages disparurent. Quand sa peau fut à nouveau totalement lisse, le chauffeur la frappa du poing au niveau du cœur. Elle ouvrit une bouche haletante, emplit ses poumons d'air, les vida, puis se mit sur son séant. Elle ne semblait pas encore tout à fait remise, mais congédia néanmoins le chauffeur d'un geste de la main.

La tête de la créature-serpent émergea de la fente et fixa sur Childe un regard courroucé, tandis que Vivienne ordonnait :

— Barton mettez-le sur le lit et déshabillez-le.

Sans mot dire , le chauffeur souleva Childe et le porta sur le lit. Il le dépouilla de tous ses vêtements, qu'il rangea soigneusement dans le placard. Chaussures et chaussettes trouvèrent leur place sous une chaise. Childe put noter tous ces détails, car il était maintenant en état de tourner la tête. Mais il était toujours incapable de parler.

— Vous pouvez disposer, Barton, dit Vivienne.

L'homme jeta sur Childe un regard dénué d'expression, dit : « Très bien, madame », et sortit.

Childe se demanda quel rôle il était appelé à jouer dans l'organisation de Vivienne. Il se souvenait de Glam, le géant qui servait le baron Igescu. C'était un être étrange, mais tout à fait humain, ou tout au moins d'origine humaine. Il avait commis l'erreur de tomber amoureux de Magda Holànyi, qui était apparemment une femme-python. Elle l'avait repoussé, et Glam avait tenté de la violer : on l'avait retrouvé le corps complètement broyé, vidé de son sang et de ses entrailles.

Si Barton était d'origine entièrement humaine, c'était sans conteste un des plus ignobles collaborateurs que l'Histoire ait jamais connu. Ou plutôt la Non-histoire, puisque l'Histoire, comme d'ailleurs toute science ou discipline scientifique humaine, se refusait à admettre l'existence, ou l'existence possible, de ces êtres.

Vivienne vint se planter au-dessus de lui et se pencha, laissant pendre un sein à quelques centimètres au-dessus de sa bouche.

— Tu m'as frustrée, mon bel Harald Childe, dit-elle, et je déteste être frustrée. Tu as fait fuir mon petit chéri de Bill, un sinistre crétin mais une splendide bitte. Tu le remplaceras donc, bien que tu sois désormais interdit.

Il voulut lui demander ce qu'elle entendait pas « interdit », mais se trouva incapable d'ouvir la bouche.

Vivienne l'embrassa et plongea sa langue dans sa bouche, éprouvant les dents, la langue, les gencives, tandis que sa main s'affairait sur sa bitte. Malgré lui, le corps de Childe réagit. Il sentit sa pine se gonfler sous la caresse légère, si du moins son sens kinesthésique ne le trompait pas.

Vivienne remonta un peu et laissa glisser le bout de son sein entre ses lèvres. Mais il était incapable de le sucer. L'eût-il été qu'il s'y serait refusé. C'était la plus belle femme qu'il ait jamais vue, mais elle ne lui inspirait pas le moindre désir. Il n'avait aucune tendresse pour les meurtrières, et il ne pouvait supporter l'idée de la chose qu'elle gardait lovée dans sa matrice. Il forma des vœux pour qu'elle y reste, mais sans grand espoir : déjà son anus se contractait, se préparant à affronter l'horrible créature.

Bien qu'il ne fit aucun effort pour sucer ou exciter de la langue la pointe du sein, il la sentit qui se gonflait et durcissait dans sa bouche. Vivienne se retira, plongea l'autre sein dans sa bouche, avec le même résultat. Puis elle se mit à lui suçoter les seins en lui griffant les joues de ses ongles. Sa langue glissait lentement vers son ventre, traçant des arabesques savantes sur son épiderme.

Arrivée tout au bas du ventre, elle épousa de

la pointe la lisière des poils, puis s'y enfonça, les humectant abondamment.

Malgré qu'il en ait, il sentit sa queue se durcir un peu plus, mais sa volonté était inopérante — sans doute à cause de l'action paralysante de la morsure. Il la méprisait, la détestait, avait envie de hurler à l'idée de la créature-serpent. Mais le mépris, l'horreur ressentie, étaient gelés, rejetés dans une brume lointaine. Le plaisir qu'elle lui donnait avec sa langue et ses lèvres était la seule chose réelle.

Quand la bouche de Vivienne se referma sur ses testicules, il sentit une brusque vague de chaleur l'envahir. Ça partait de son nombril et irradiait dans tout son corps, mais ça se concentrait avec une instance particulière sur la base de son sexe. Quand elle se diffusa dans cet organe, l'envahissant, le gorgeant de sang, la réaction fut immédiate : il se dressa à la verticale, dur et raide.

Au bout de quelques instants, elle repoussa de la langue les testicules et abaissa la tête sur la bitte. Les lèvres passèrent, humides et frôleuses, sur le gland, tandis que la langue insistait sur la petite fente au bout. Il réprima un grognement venu du fond de son être, et, instinctivement, voulut projeter les hanches vers le haut pour faire pénétrer son membre plus avant dans la bouche. Mais tout en resta au stade du désir : ses hanches demeurèrent inertes.

Vivienne continuait à sucer le gland, avançant par moments la tête pour engloutir le membre jusqu'à la garde. La sensation de chaleur se transforma en un feu lancinant qui courait de l'extrémité de la colonne vertébrale à la base du pénis. Lentement, l'épais fluide blanchâtre, se frayant un chemin entre les terminaisons nerveuses surexcitées, progressait vers la délivrance.

Brusquement, Vivienne se leva et se retourna, offrant sa croupe et les demi-lunes fermes de ses fesses. Elle s'accroupit au-dessus de lui, se pencha en avant et prit tendrement entre ses doigts la tête du pénis, qu'elle introduisit dans son cul en s'abaissant lentement. Le gland demeura un instant à l'entrée, puis s'enfonça d'un coup. Childe le sentit glisser sur la paroi chaude et lisse, jusqu'à ce que les poils rencontrent la peau douce des fesses.

Elle se souleva et s'abaissa à plusieurs reprises, l'emplissant d'une extase croissante. Il ne pourrait plus tenir longtemps. Pourtant il n'aimait pas particulièrement enculer. Ça lui était arrivé à plusieurs reprises, avec des femmes qui aimaient ça, mais il éprouvait toujours un certain dégoût de la chose. Maintenant, cette répulsion avait presque disparu. Elle était encore assez présente pour qu'il en ait conscience, mais ça ne le gênait pas.

Vivienne s'arrêta au milieu d'un mouvement ascendant, laissant la bitte à moitié engagée dans son cul.

Sachant ce qui allait suivre, Childe grinça mentalement des dents. Mais pas une goutte de sang ne reflua de son pénis engorgé.

Alors, il sentit quelque chose glisser le long de

ses couilles. La créature poursuivit sa progression sous les bourses et quelque chose — qui ne pouvait être que la petite bête barbichue — entra en contact avec son anus. Elle s'y engagea, franchit le cap du rectum. La sensation était désagréable — celle d'un objet dur et sans grâce, comme le doigt d'un médecin pour un toucher de la prostate. Mais la sensation désagréable fut de brève durée. Quelque chose — peut-être était-ce dû à la morsure ou à la substance secrétée par les dents — fit qu'elle se transforma bientôt en un sentiment de chaleur apaisante.

Au bout de quelques secondes, Vivienne se remit à glisser de haut en bas et de bas en haut le long de sa bitte, tandis qu'il sentait le corps de la créature-serpent aller et venir en lui. Son mouvement semblait être indépendant de celui de Vivienne : il était beaucoup plus rapide — beaucoup trop rapide.

La sensation de chaleur apaisante se transforma en une tension presque insupportable. Mais cette tension était celle qui précède l'extase. Il sentait ses entrailles aussi proches de l'orgasme que son pénis. Les deux voluptés agissaient comme des ondes sinusoïdales en opposition de phase. Mais, Vivienne accélérant son mouvement de va-et-vient tandis que la créature continuait sur le même rythme, l'opposition tendait à disparaître.

Ce fut alors le moment éblouissant : un éclair rouge zébrant les yeux, une coulée de métal en fusion enveloppant les nerfs sensitifs, une mèche chauffée à blanc qui s'enfonce dans le cerveau —

puis l'explosion. L'impression d'être retourné sur soi-même en traversant un continuum à cinq dimensions. L'impresssion d'être un gant de chair arraché à une main, retourné, et exposé à des radiations qui ne l'auraient jamais atteint autrement, des radiations génératrices d'un plaisir sans bornes.

Vivienne demeura quelque temps assise sur lui, mais effectua une demi-rotation sur l'axe de sa bitte pour lui faire face. Ce faisant, elle fit sortir la créature-serpent de son logement, mais apparemment celle-ci en avait terminé. Elle réintégra l'abri de la fente, la queue en premier, la tête sortant en dernier de l'anus pour regarder Childe. Le corps et la tête étaient tout barbouillés d'humidité, et un fluide blanchâtre à l'odeur musquée continuait à sortir par la bouche. Quand le flot s'interrompit, elle sortit une langue fourchue et entreprit de se nettoyer la face. En l'espace de quelques instants, le visage et la barbe eurent l'air d'avoir été douchés de frais.

Bien que paraissant à présent moins féroce, la créature n'en conservait pas moins un air menaçant.

Childe fut heureux de la voir disparaître — encore qu'il eut préféré qu'elle évite auparavant de hausser son tronc pour déposer avec sa petite bouche un baiser sur la lèvre inférieure de Vivienne.

Quand la chose eut fini de disparaître dans le con, Vivienne se releva d'un coup, se pencha sur Childe, l'embrassa et dit :

— Je t'aime.

Bien qu'incapable de réponse, il pensa « aime ? »

Il aurait voulu pouvoir vomir.

A cet instant, trois hommes pénétrèrent dans la pièce. L'un deux était armé d'une canne-épée pourvue d'une longue lame acérée. Il en appuya la pointe sur la gorge de Vivienne.

Elle pâlit et demanda :

— Pourquoi brisez-vous la trêve ?

Chapitre V

Tapi dans les buissons, Forrest J Ackerman se sentait de plus en plus mouillé. Et de plus en plus furieux.

Il avait reçu par la poste, trois jours plus tôt, un grand paquet plat qui venait d'Angleterre et contenait une peinture originale de Bram Stoker. Le tableau représentait le comte Dracula plongeant ses dents dans la gorge d'une blonde appétissante pour en pomper le sang. Rien de bien neuf dans tout cela : la couverture de nombreuses éditions du célèbre roman de Bram Stoker montrait Dracula se penchant sur une jeune beauté endormie. Et d'innombrables affiches et photos de films inspirés du roman avaient repris l'idée.

Mais il s'agissait ici de la seule représentation de Dracula due à la main de son père spirituel. Jusqu'à ces derniers mois, nul n'en soupçonnait l'existence. Puis on avait découvert à Dublin une douzaine de peintures à l'huile et une vingtaine de dessins à la plume, dans une maison ayant jadis appartenu à un ami de Stoker. Son propriétaire actuel avait trouvé les œuvres dans un réduit en planches, sous les combles. Ignorant la valeur réelle de ces œuvres, il les avait vendues pour quelques livres à un marchand de tableaux et s'était trouvé fort satisfait de l'affaire.

Mais le marchand avait consulté des experts qui s'étaient montrés formels : la signature était bien celle de Bram Stoker. Ayant eu vent de la découverte, Forry Ackerman avait câblé au marchand de Dublin pour lui proposer un prix supérieur à toutes les offres qui pourraient lui être faites. Moyennant quoi il avait pu enlever l'affaire — au prix d'un emprunt contracté auprès de sa banque.

L'emballage défait, il n'avait pas été déçu. Certes, Stoker n'était pas un St. John, un Bok, un Finlay ou même un Paul. Mais il se dégageait de son œuvre une certaine force brutale que nombre de gens se plurent à souligner. C'était incontestablement un primitif, mais un primitif plein de puissance. Forry fut content de lui voir découvrir une certaine valeur artistique, bien qu'il n'eût quant à lui aucune idée de ce qu'était le « beau artistique » — et il se fichait éperdument de le savoir : il savait ce qui lui plaisait, et ce tableau lui plaisait.

D'ailleurs, la représentation eût-elle été moins puissante, grossière même, qu'il s'en serait soucié comme d'une guigne. Il possédait *le seul portrait original de Dracula* de la main de l'auteur de *Dracula*. Personne au monde ne pouvait en dire autant.

Mais ce n'était plus vrai.

Cette nuit-là, il était rentré chez lui, dans sa maison de Sherbourne Drive. Il pleuvait déjà à verse, et la pluie ruisselait dans son allée pour aller s'écouler dans la rue, mais le flot n'avait pas encore atteint le trottoir. Il était plus d'une heure du matin et il avait dû quitter la soirée que donnait Wendy pour passer chez lui. Raison éminemment professionnelle : en tant que rédacteur en chef de *Vampirella* et de quelques autres magazines d'horreur, il avait des délais très stricts à respecter. Il devait boucler *Vampirella* dans la nuit pour l'expédier au matin par avion, en exprès, à son éditeur de New York.

Passé la porte d'entrée, on se retrouvait dans la pièce du devant. C'était une assez grande pièce vouée à la science-fiction sous toutes ses formes : œuvres originales et couvertures de *pulp magazines*, photos tirées de divers films d'horreur et de prétendue S.F., clichés où l'on voyait Lon Chaney Jr. dans le rôle du Lycanthrope, Boris Karloff dans celui de Boris Karloff et Bela Lugosi dans celui de Dracula. Tout cela signé, avec des dédicaces aimables pour « Forry ». Il y avait aussi les têtes ou masques de Frankenstein, de *l'Etrange Créature du Lac Noir*, de King-Kong et autres monstres imaginaires. A plusieurs endroits, les rayonnages montaient jusqu'au plafond, bourrés d'œuvres d'écrivains de science-fiction, de romans gothiques ainsi que de quelques volumes sur les pratiques sexuelles déviantes.

Bref, il fallait voir la maison de Forry pour y

croire. Il y avait jadis habité, mais l'avait peu à peu remplie d'objets dont la valeur totale était estimée à plus d'un million de dollars. Il avait déménagé pour s'installer chez Wendy et utilisait maintenant sa maison comme bureau de travail et musée privé. Le jour viendrait — hélas ! — où il ne serait plus là pour jouir de tout ceci, pour vibrer au milieu de son rêve réalisé. L'endroit deviendrait alors un musée public placé sous le patronage du grand Ray Bradbury, et les visiteurs afflueraient du monde entier pour admirer sa collection ou pour effectuer des recherches à partir des livres rares, des peintures, des manuscrits, des lettres. Il envisageait de faire placer ses cendres dans un buste de bronze de Boris Karloff interprétant le monstre de Frankenstein, et ce buste trônerait sur un piédestal au centre de la pièce. Il serait ainsi physiquement présent, à défaut d'y être spirituellement, puisqu'il refusait de croire à une quelconque survie au-delà de la mort.

Mais la loi californienne interdisait au contribuable de faire une telle utilisation de ses cendres. Le lobby des propriétaires de cimetières et des entrepreneurs de pompes funèbres avait veillé à ce que les lois soient conçues au mieux de ses intérêts. Les cendres d'un défunt devaient être placées dans un cimetière, quelles qu'aient pu être ses volontés à cet égard. Il était certes possible de les disperser au-dessus de la mer, mais uniquement à partir d'un avion, et à une distance et une altitude bien déterminées. Et encore ne pouvait-on disperser ainsi que les cendres d'une personne à la fois : le lobby avait veillé à ce qu'il soit impossible de stocker les cendres d'un certain nombre de personnes pour une dispersion massive, et donc économique. Le lobby n'avait rien négligé pour que les familles affligées payent leur tribut aux chacals de la mort, aux adorateurs d'Anubis.

Réfléchissant à tout ceci, Forry avait fait taire sa rancœur à l'égard de ces voleurs sans âme. Il s'était demandé comment tourner la loi pour faire installer ses cendres dans le buste. Pourquoi pas ? Il pouvait compter sur ses amis pour cela. C'était une sacrée équipe — du moins pour certains d'entre eux — et ce n'était pas une petite entorse à la loi qui leur ferait peur.

Otant son imperméable, il promena son regard sur la pièce. Là, c'était Circé et les cochons — les compagnons d'Ulysse — rendus par le pinceau de J. Allen St. John. Et là, l'orgueil de sa collection, là... là... !

Le Stoker avait disparu.

Il était habituellement accroché en face de la porte, de façon que tout nouvel arrivant ne puisse manquer de le voir. Il y avait remplacé deux autres tableaux pour lesquels Forry avait eu bien du mal à trouver un emplacement, dans cette maison où chaque centimètre carré de mur était compté.

A présent, un espace vide témoignait de son existence antérieure.

Forry traversa la pièce et s'assit. Son pouls était à peine accéléré. On lui avait posé un régulateur cardiaque défectueux, qui ne contrôlait les battements que dans une étroite fourchette. Forry devait monter lentement les escaliers et s'abstenir de courir. L'émotion était de peu d'effet sur son pouls. Mais elle était présente, et se manifestait dans le tremblement qui l'agitait.

Il pensa avertir la police, comme il l'avait fait à plusieurs reprises dans le passé. Sa collection avait déjà reçu la visite de nombreux cambrioleurs — en général des dingues de S.F. ou d'histoires d'horreur qui, emportés par leur passion, jetaient aux orties toute honnêteté pour s'emparer des précieux objets réunis dans la maison. Cela lui avait déjà coûté des milliers de dollars, ce qui n'était pas négligeable. Mais il était encore plus affecté par le caractère irremplaçable de certains des objets volés. Et son cœur saignait à l'idée qu'on puisse lui faire des choses pareilles, à lui qui était un amoureux du monde, à défaut de Dieu. Ou plutôt amoureux des gens, puisque la Nature le laissait indifférent.

Renonçant à sa première idée, il décida de voir d'abord avec les Dummock. C'était un jeune couple qui était venu s'installer dans la maison peu après le départ des anciens gardiens, les Ward.

Lorenzo et Hulia Dummock étaient, à leur habitude, sans toit et sans le sou quand il leur avait offert l'hospitalité. Toute leur besogne consistait à assurer la propreté et un minimum d'ordre dans la maison, ainsi que de l'aider à l'occasion lorsqu'il donnait une réception. Ils faisaient aussi fonction d'anti-vol depuis qu'il n'habitait plus là.

Après un certain nombre d'appels sans réponse, il monta à l'étage. La chambre à coucher était la seule pièce habitable de la maison. Elle comportait pour tout mobilier un lit, une commode et un placard. Les vêtements des Dummock étaient éparpillés sur le lit, le plancher, le dessus de la commode, et même sur un tas de livres empilés dans un coin. Leur lit n'avait pas été fait.

Les Dummock n'étaient pas là, et il n'y avait guère d'autre endroit dans la maison où ils puissent se trouver. Ils avaient dû sortir pour la nuit, comme ils le faisaient souvent. Forry se demandait où ils prenaient l'argent qu'ils dépensaient : Hulia était la seule à travailler, et uniquement dans les intervalles entre ses crises d'asthme. Lorenzo écrivait. Mais jusqu'ici, il n'avait guère réussi à placer que ses histoires porno, avec un succès très mitigé au demeurant. Forry se dit qu'ils avaient certainement trouvé un citron à presser quelque part. Ceci ajouta encore à sa colère : il leur demandait vraiment peu de choses en échange du logement et de la pension. Leur principal travail était de rester ici la nuit pour dissuader les voleurs. Et s'il leur reprochait leur faillite dans ce domaine, ils allaient ricaner en l'accusant de les exploiter.

Il fouilla toute la maison puis enfila son imperméable pour aller voir dans le garage. Le tableau de Stoker n'y était pas non plus.

Cinq minutes plus tard, le téléphone sonna.

La voix, étouffée, était méconnaissable, bien que la personne au bout du fil ait décliné l'identité de Rupert Vlad, un des membres du comité de la Société des Amis du Comte Dracula. Comme tous les appels passaient par le service des abonnés absents, Forry pouvait choisir de répondre ou non. La voix ne lui disait rien, mais le nom l'incita à répondre.

— Forry, ce n'est pas Vlad. Je suppose que vous le savez ?

— Je le sais, fit doucement Forry. Qui est-ce ?

— Un ami, Forry. Vous me connaissez, mais je préfère pour le moment ne pas dévoiler mon identité. J'appartiens aussi à la Société des Amis du Comte Dracula et à la Ligue de Lord Ruthven. Je ne veux me brouiller avec personne, mais je vais vous dire quelque chose. J'avais entendu parler de votre acquisition de cette peinture de Dracula par Stoker. Je me préparais à venir la voir chez vous. Mais je me suis rendu à une réunion de la Ligue de Lord Ruthven et... je l'ai vue là-bas.

— Quoi ?! lança Forry d'un ton suraigu.

Pour une fois, il n'avait pu se maîtriser.

— Mouais. Je l'ai vue, accrochée au mur chez... euh...

Il y eut un silence, que Forry rompit :

— Par Hugo, ne me laissez pas griller sur des charbons ardents, mon vieux ! J'ai le droit de savoir !

— Mouais, mais ça m'emmerde un peu de moucharder ce type. C'est...

— C'est un voleur ! rugit Forry. Un ignoble voleur. Ce n'est pas moucharder. C'est rendre service à la société ! Pour ne rien dire du service que vous me rendez, à moi !

Malgré sa colère et son indignation, il ne pouvait s'empêcher de plaisanter.

— Mouais, euh, après tout, je suppose que vous avez raison. Ecoutez. Vous n'avez qu'à aller chez Woolston Heepish. Et vous verrez de quoi je parle.

— Woolston Heepish ! s'exclama Forry. (Il poussa un grognement et ajouta :) Oh, non !

— Eh, ouais ! Ça fait pas mal d'années qu'il vous tarabuste, hein ? Je vous plains un peu, Forry, de devoir en passer par lui. Encore qu'il ait, il faut le reconnaître, une splendide collection. Ce qui n'a rien d'étonnant, puisqu'il la doit en partie à vous.

— Je ne lui ai jamais rien donné !

— Non, mais il a pris. Au revoir, Forry.

Chapitre VI

Un quart d'heure plus tard, Forry se trouvait devant la résidence de Heepish. Elle ne se trouvait qu'à deux rues de sa maison, pratiquement à la même hauteur. Dans l'obscurité et la pluie qui tombait à verse, on aurait dit une réplique de celle d'Ackerman. C'était une villa californienne de style pseudo-espagnol, à la façade revêtue de stuc vert. L'allée d'entrée se trouvait sur la gauche quand on arrivait à la maison, et, une fois passé le mur qui la clôturait, on apercevait le grand arbre qui s'élevait dans le patio. Il s'inclinait à quarante-cinq degrés au-dessus de la maison, et ses branches s'étalaient, telles une vaste main, sur une partie du toit de tuiles. Au bout de l'allée, le garage, et devant celui-ci, un grand décor de bois représentant un monstre de cinéma.

En tournant à droite, on arrivait à une petite véranda qui abritait une porte de bois tapissée d'inscriptions diverses : DEFENSE DE FUMER. PRIERE DE S'ESSUYER LES

PIEDS ET DE SE NETTOYER LA CERVELLE AVANT D'ENTRER. LES YEUX DE HEEPISH VOUS SURVEILLENT (allusion au circuit fermé de télévision grâce auquel le maître des lieux passait au crible les visiteurs avant de les laisser entrer). ICI ON PARLE ESPERANTO ET VOLAPÜK. (Ceci énervait tout particulièrement Forry, qui était depuis longtemps un espérantiste fervent.) Non content de l'avoir singé avec l'espéranto, Heepish avait étudié le Volapük pour s'assurer un avantage qu'il croyait décisif.

Forry hésita quelques instants devant la porte, le doigt suspendu devant la sonnette. Le ciel continuait à se vider. Des flaques d'eau s'étalaient tout autour de lui. La pluie jaillissait en grondant des tuyaux de descente et inondait le patio. L'éclairage au-dessus de la porte diffusait une sinistre lumière verte. Il ne manquait plus que le tonnerre et les éclairs : la porte qui s'ouvre lentement en grinçant, une haute silhouette aux lèvres rouges dans un visage blême, avec des cheveux noirs corbeau plaqués sur le crâne, et les résonances hongroises de la voix qui dit : « Bonsoir ! ».

Aucune lumière ne sortait de la maison. Toutes les fenêtres étaient masquées par des rideaux tirés, obstruées par des planches clouées ou condamnées par des rayonnages chargés de livres. Forry n'avait jamais vu l'intérieur, mais on lui en avait parlé : la description aurait aussi bien pu convenir à sa propre maison.

Finalement, il renonça à appuyer sur la sonnette. Mieux valait commencer par reconnaître le terrain. Après tout, il aurait l'air d'un imbécile s'il venait réclamer à grands cris qu'on lui rende son tableau pour découvrir après coup que son informateur lui avait menti. Ce ne serait pas la première fois qu'un mauvais plaisant lui communiquerait de fausses informations pour le mettre dans une situation embarrassante.

Il contourna la maison pour en gagner l'arrière. Il devait y avoir là une pièce qui avait jadis fait fonction d'antichambre ou d'office. Chez lui, cette pièce était maintenant remplie de livres et de magazines et la porte en était bloquée par sa collection de *Doc Savage.*

Derrière les fenêtres, les rideaux étaient hermétiquement tirés. Il appliqua son oreille contre la vitre de la porte-fenêtre, mais aucun bruit ne lui parvint. Au bout d'un instant, il retourna sur le devant. La présence de deux voitures garées dans l'allée et d'un certain nombre d'autres dans la rue semblait indiquer que Heepish recevait. Peut-être ferait-il mieux de rentrer chez lui pour lui téléphoner ?

Puis il se dit que le mieux était d'affronter Heepish sans plus attendre. Il ne fallait pas lui laisser la possibilité de nier que le tableau soit en sa possession, ou le temps de le cacher.

Mais, son choix fait, il ne parvenait pas à se décider à appuyer sur la sonnette. Il demeura quelques instants dans les buissons, sous la pluie qui tombait à torrents et ruisselait le long des branches. L'affrontement serait terrible. Extrêmement embarrassant. Pour tous les deux.

Enfin, peut-être pas pour Heepish : l'aplomb de cet individu était pharamineux.

Une voiture qui passait le prit un moment dans le pinceau détrempé de ses phares. Il cligna des yeux pour échapper à la lumière diffuse, puis quitta l'abri des arbustes. A quoi bon tergiverser ? Heepish n'allait pas sortir pour l'inviter à entrer.

Il appuya sur le bouton — le nez d'une face de gargouille peinte sur la porte. Un bruyant carillon résonna à l'intérieur, suivi par quelques mesures de musique d'orgue : *Sombre Dimanche.* Il y avait bien un judas, mais Heepish ne s'en servait plus, si Forry pouvait en croire ses informateurs. En appuyant sur la sonnette, on mettait en marche une caméra de télévision dissimulée derrière une fenêtre truquée sur le côté gauche de la véranda.

Sortant du masque de Frankenstein cloué contre la porte, une voix articula :

— Sur ma vie sans un souffle ! Forrest J (pas de point) Ackerman ! Soyez le bienvenu !

Peu après, la porte s'ouvrit dans un fort grincement de gonds rouillés : il s'agissait évidemment d'un enregistrement synchronisé avec l'ouverture.

Woolston Heepish en personne accueillit Forry. C'était un homme d'un peu plus d'un mètre quatre-vingts, l'air mou malgré un port avantageux : un début d'embonpoint et un double menton accentuaient cette impression. On notait encore les grosses moustaches de morse de couleur fauve, l'abondante chevelure d'un roux cuivré soigneusement lissée et les yeux gris qui clignotaient derrière les verres carrés des lunettes. Il se tenait légèrement voûté, comme s'il avait passé la majeure partie de sa vie à consulter des ouvrages, assis à sa table de travail. Ou à faire le pied de grue dans des buissons sous la pluie, se dit Forry.

— Entrez donc ! fit-il d'une voix suave.

Il tendit une main que Forry serra après un bref débat intérieur : après tout, il n'avait pas encore la preuve formelle et la culpabilité de l'individu.

Mais soudain il se raidit, et laissa retomber la main : par-dessus l'épaule de son hôte, il venait d'apercevoir le tableau. Il était accroché sensiblement à la place qu'il occupait chez lui : c'était bien Dracula, en train de plonger deux longues canines dans le cou d'une blonde !

Sous le coup de la fureur, il sentit la pièce tourner autour de lui.

Heepish le prit par le bras, le conduisit vers le canapé et le fit asseoir en disant :

— Vous avez l'air souffrant, Forry. Ce n'est tout de même pas moi qui vous produit cet effet ?

Il y avait cinq autres invités dans la pièce, qui convergèrent vers le canapé où il avait pris place.

— Mon tableau ! parvint à articuler Forry. Le Stoker !

Heepish le regarda et joignit onctueusement les doigts. Il souriait sous la moustache tombante.

— Il vous plaît ! J'en suis si heureux ! C'est vraiment une pièce magnifique !

Suffoquant, Forry tenta de se lever. L'une des invitées, une femme au type mexicain, l'obligea à se rasseoir.

— Vous devez vous reposer ! Vous êtes vraiment pâle. Que faisiez-vous dehors par une nuit pareille ? Vous êtes trempé. Ne bougez pas, je vais vous chercher une tasse de café.

— Je ne veux pas de café, dit Forry. (Il tenta de se lever, mais fut à nouveau pris de vertige.) Tout ce que je veux, c'est mon tableau.

La femme revint avec une tasse de café brûlant, du sucre et un pot de crème sur un plateau. Elle le lui tendit en disant :

— Je suis Madame Panchita Pocyotl.

— Mon dieu, mais je manque à tous mes devoirs ! s'exclama Heepish. Excusez-moi de ne pas avoir fait les présentations, mon cher Forry. La seule chose à ma décharge, c'est l'intérêt que je porte à votre santé.

L'autre femme, une blonde élancée à la poitrine agressive, s'appelait Diana Rumbow. Côté hommes, il y avait Fred Pao, un chinois, Rex Bilgren, un mulâtre, et George Bunyan, un anglais.

Forry, qui les voyait distinctement pour la première fois, leur trouva à tous un je ne sais quoi d'inquiétant. Mais il était incapable de le définir. Cela tenait peut-être à leurs yeux. Ou peut-être était-il si indigné par le vol du tableau que tout ce qui touchait à Heepish prenait un air sinistre.

Madame Pocyotl se pencha en avant pour lui servir le café, découvrant de volumineux seins couleur chocolat terminés par de larges auréoles rouges. Elle ne portait pas de soutien-gorge sous la fine robe du soir profondément décolletée.

En d'autres circonstances, Forry eût été ravi du spectacle.

Puis Diana Rumbow, la blonde, lâcha un livre qu'elle tenait à la main et se pencha à son tour pour le ramasser. Malgré son courroux, Forry sentit ses yeux s'exorbiter quelque peu, et un certain émoi au niveau de sa braguette : car les seins de la blonde étaient tout aussi libres que ceux de la brune Panchita. Mais ils étaient d'un blanc laiteux, avec des bouts de la largeur de son pouce, d'un rouge si intense qu'ils avaient dû être fardés. Quand elle se releva, il les vit qui pointaient, sombres, sous le tissu diaphane de la robe.

Il commençait aussi à se dire que cette débauche d'exhibitions épidermiques n'était pas due au seul hasard : on essayait de lui faire perdre de vue l'objet de sa visite.

Panchita s'assit à côté de lui et colla une cuisse contre la sienne. Diana prit place de l'autre côté, appuyant son opulente poitrine contre son bras. De quelque côté qu'il regardât, il ne voyait que des globes renflés et des creux vertigineux.

— Mon tableau ! coassa-t-il.

Heepish fit celui qui n'avait rien entendu. Il attira une chaise à lui, s'assit en face de Forry et dit :

— C'est vraiment un grand honneur que vous

me faites, M. Ackerman. Mais puis-je vous appeler Forry ?

— Mon tableau, mon Stoker ! coassa à nouveau Forry.

— Puisque vous avez décidé de tirer un trait sur le passé et apparemment conclu que votre hostilité à mon égard était sans fondement, il est temps que nous ayons une conversation à cœur ouvert. Nous avons toute la nuit devant nous. Après tout, avec cette pluie qui n'arrête pas de tomber, que faire d'autre ? Il y a tant de choses qui nous rapprochent, comme n'ont pas manqué de le signaler des gens plus ou moins bien intentionnés. Je crois que nous gagnerons beaucoup à nous connaître. Qui sait, nous pourrions même envisager une fusion entre la Société des Amis du Comte Dracula et la Ligue de Lord Ruthven pour former une Congrégation des Vampires Unifiés, ou quelque chose comme ça ? Qu'en pensez-vous ?

— Mon tableau, dit Forry.

Heepish continuait à lui parler tandis que les autres bavardaient entre eux. De temps à autre, une des deux femmes se penchait contre lui. Il prit conscience de leur parfum — des odeurs étranges qu'il n'avait encore jamais senties. Même à travers sa colère, elles parvenaient à l'exciter. Et ces seins ! Et ces yeux ! Les yeux noirs de Panchita, les yeux bleus de Diana...

Il secoua la tête. A quel genre de sorcellerie était-il en train de succomber ? Il était entré ici fermement décidé à trouver son tableau, à le décrocher du mur ou de quelque endroit où il pourrait se trouver et à ressortir aussitôt avec son bien sous le bras. Maintenant qu'il y pensait, il faudrait qu'il trouve quelque chose pour l'abriter de la pluie jusqu'à sa voiture, garée de l'autre côté de la rue. Son imperméable ferait l'affaire. Peu importait qu'il se trempe, lui : le tableau avant tout.

Mais il ne parvenait pas à s'extraire du canapé. Et Heepish ignorait systématiquement toutes ses allusions au tableau. Comme les autres invités d'ailleurs.

Ackerman avait l'impression d'être dans un univers parallèle, relié à celui de Heepish, mais en quelque sorte déphasé par rapport à lui. Il pouvait communiquer jusqu'à un certain point, puis ses mots s'évanouissaient. Et maintenant, tandis qu'il promenait son regard autour de lui, les contours de la pièce semblaient se brouiller.

Il se demanda tout à coup si son café n'avait pas été drogué.

L'idée lui parut si ridicule qu'il essaya de la chasser. Mais un homme capable de lui voler son bien pour l'accrocher chez lui au vu de tout le monde, et poussant ensuite le cynisme jusqu'à bavarder tranquillement amicalement même, avec celui qu'il venait de dépouiller, un tel homme aurait-il scrupule à recourir à la drogue ?

Mais dans quel but ?

Un lugubre cortège de sinistres visions se mit à défiler dans son esprit. Il y avait la cave au sol de terre battue où s'ouvrait une tranchée de six pieds de long sur six pieds de profondeur. Puis, dans un sous-sol, une chaudière où se consumaient de la chair et des os. Son corps se dissolvait dans un puits empli d'acide. Il rôtissait dans un four et fournissait le dîner de cette assemblée. Il était muré, debout, tandis que Heepish et ses invités buvaient des coupes d'Amontillado à sa santé. On l'enfermait dans une cage au fond de la cave, et on lâchait des rats, des dizaines de gros rats affamés. Après quoi, son squelette soigneusement récuré était assemblé avec du fil de fer et venait fournir à cette pièce un nouvel et macabre ornement. Ses amis et connaissances, de la Société des Amis du Comte Dracula et de la Ligue de Lord Ruthven se rendraient ici, car Heepish régnerait sans partage après la si mystérieuse disparition du grand Forry Ackerman. Ils verraient le squelette, s'interrogeraient sur l'identité de son propriétaire de chair et tapoteraient amicalement le crâne nu et poli. Peut-être même évoqueraient-ils avec nostalgie le nom de Forry Ackerman...

Forry s'ébroua comme un chien qui sort de l'eau. Cette histoire lui avait détraqué le ciboulot. Il était ici pour réclamer son dû. Si Heepish faisait des difficultés, il n'aurait qu'à appeler la police. Mais il ne pensait pas que Heepish lui-même ait le cran de se mettre en travers de son chemin.

Il se leva, si brusquement que tout lui parut encore plus flou.

— Je reprends mon tableau, Heepish ! lança-t-il. Et n'essayez pas de jouer au plus fin !

Il fit volte-face, monta sur les coussins et décrocha le tableau. Derrière lui, il y eut un silence, et quand il se retourna, il vit qu'ils étaient tous debout, les yeux braqués sur lui. Ils formaient un demi-cercle qu'il devrait traverser pour atteindre la porte.

Ils avaient un air grave, leurs yeux paraissaient s'être agrandis, devenant presque lumineux, comme des yeux de loups-garous. Presque, parce que seule son imagination leur conférait cet éclat surnaturel. Evidemment.

Mme Pocyotl retroussa les lèvres, et Forry découvrit qu'elle avait des canines d'une longueur étonnante. Comment cette particularité avait-elle pu lui échapper ? En se présentant, elle avait souri, dévoilant alors une denture très blanche et régulière.

Il descendit du canapé et dit :

— Mon imperméable, Heepish.

Heepish grimaça un sourire. Ses dents, à lui aussi, semblaient être devenues plus longues. Ses yeux gris avaient l'éclat froid et dur d'un ciel d'hiver à New York.

— Vous pouvez prendre votre imperméable, Forry, puisque vous refusez de vous montrer amical.

Forry comprit l'accent mis sur l'*imperméable :* l'imperméable, mais pas le tableau.

— J'appelle la police, dit-il d'un ton uni.

— Je ne crois pas, dit Diana Rumbow.

— Pourquoi ? dit Forry.

Il aurait voulu sentir les battements de son cœur s'accélérer. Mais c'était impossible. Par contre, ses muscles étaient agités de frémissements et ses yeux clignaient deux fois plus vite que la normale, comme pour compenser les battements manquants.

— Parce que, dit la blonde, je vous accuserais de viol.

— Quoi ?

Le tableau faillit lui échapper des mains.

Diana Rumbow fit glisser sa robe à terre. En dessous, elle ne portait qu'un porte-jarretelles et une paire de bas nylon. Son pubis était garni d'une abondante toison de longs poils d'un blond éclatant. Les seins volumineux demeuraient parfaitement en place.

Mme Pocyotl dit :

— Vous en voulez peut-être deux pour le prix d'une, Forry ?

Elle se dépouilla de sa robe. Elle n'avait, elle aussi qu'un porte-jarretelles et une paire de bas. Sa toison était noire comme le plumage d'un corbeau, et ses seins pointaient comme des obus.

Forry recula, alla buter des mollets contre le canapé.

— Qu'est-ce que ça veut dire ? bégaya-t-il.

— Eh bien, si la police était alertée, elle trouverait la maison déserte. Vous seriez seul, en compagnie de deux femmes. L'une d'elles aurait perdu connaissance, l'autre pousserait des hurlements hystériques. Elles auraient toutes deux du sperme dans le con, vous pouvez en être sûr. Et des bleus sur le corps. Et vous seriez nu, l'air complètement égaré d'un homme qui a perdu la tête dans un accès de rage du cul.

Forry les considéra tour à tour. Ils souriaient

tous à présent — des sourires particulièrement maléfiques. Et ils avaient l'air décidés à faire tout ce que Heepish leur dirait de faire.

C'était un cauchemar. Quelle sorte de créatures malfaisantes était-ce là ? Tout ça pour un tableau ?

Il dit d'une voix forte :

— Ecartez-vous ! Je passerai ! Ce tableau est à moi ! Vous ne m'intimiderez pas ! Je me fiche de ce que vous ferez, mais vous ne garderez pas le tableau ! Je vous l'aurais peut-être donné, Heepish, si vous étiez réellement devenu mon ami, et si vous en aviez eu tellement envie ! Mais plus maintenant ! Alors ôtez-vous de mon chemin.

Et, tenant le tableau comme un bouclier — ou un bélier — il s'avança vers Heepish et le corps nu de Diana Rumbow.

Chapitre VII

Harald Childe conduisait lentement sous la pluie et les trombes d'eau que soulevaient les roues des voitures. Le déluge était tel que les essuie-glace ne suffisaient plus à la tâche. Les phares avaient du mal à percer les nappes d'eau. D'autres voitures, pilotées par des citoyens plus téméraires, le doublaient en projetant des gerbes d'eau.

Il lui fallut plus de deux heures pour rentrer chez lui, à Topanga Canyon. Dans la montée, il ne dépassa pas quinze kilomètres-heure au milieu d'un torrent d'eau de plusieurs centimètres de profondeur. En s'engageant dans son allée, il remarqua la voiture garée sous le chêne au bord de la route. Encore une voiture abandonnée, pensa-t-il. Au cours des dernières semaines, il avait pu observer plusieurs véhicules à cet endroit. Tous du même modèle, et de la même année. Tous se trouvaient près du chêne quand il les avait aperçus à son réveil. Certains avaient attendu là une semaine, avant que les flics se décident à les emmener. D'autres étaient restés quelques jours, puis avaient disparu dans les premières heures de la matinée.

Il ne savait pas pourquoi on s'obstinait à abandonner des voitures devant chez lui, ou tout au moins à les laisser stationner aussi longtemps. Aucun de ses voisins n'avait pu le renseigner à ce sujet.

Les flics avaient dit que tous les véhicules qu'ils avaient embarqués étaient des voitures volées.

C'était donc aujourd'hui la septième. Enfin, peut-être : il était encore trop tôt pour le dire. Elle pouvait appartenir à quelqu'un venu en visite chez ses voisins. On verrait bien. En attendant, tout ce qu'il lui fallait, c'était un lit. Un lit pour dormir. Quant aux autres activités que pouvait favoriser cet objet, pour le moment il ne voulait pas en entendre parler.

La maison était à lui. Il n'avait rien à payer, mis à part les impôts annuels. C'était une villa de cinq pièces dans le style espagnol, entourée de nombreux arbres et pourvue d'une vaste arrière-cour. Elle avait appartenu à sa tante : il s'y était installé une année plus tôt, à la mort de cette dernière. Il n'avait pas vu sa tante depuis 1942 — depuis son enfance — et n'avait pas échangé plus de trois lettres avec elle au cours des dix dernières années. Mais elle lui avait laissé tout ce qu'elle possédait — c'est-à-dire de quoi régler les droits de succession pour la maison.

Childe avait jadis été détective privé, mais après ses démêlés avec le Baron Igescu et la disparition de sa femme, il avait raccroché : après tout, il n'avait peut-être rien pour faire un flic d'élite, et de toute façon il en avait sa claque de ce boulot. Il avait décidé de reprendre ses études, de préparer une licence d'histoire, discipline qui l'avait toujours intéressé, peut-être même un doctorat.

Il aurait préféré avoir un appartement à Westwood, près de l'UCLA. Mais comme ses fonds étaient limités et qu'il appréciait la relative tranquillité de la maison, il faisait quotidiennement la navette entre son domicile et l'université. Pour économiser l'essence et trouver plus facilement une place dans le campus encombré, il se servait d'une moto pendant la semaine.

L'école venait de fermer pour les vacances universitaires.

Childe menait une vie plutôt solitaire. Il travaillait beaucoup pour oublier, briquait la maison, tondait la pelouse, mais avait toutefois besoin de quelqu'un à qui parler et avec qui coucher. Il ramenait de temps à autres des femmes chez lui : des profs de son âge ou un peu plus vieilles, des étudiantes avancées et parfois une minette à qui il avait tapé dans l'œil. Physiquement, il ressemblait à une sorte de Byron en plus rugueux. Un Byron qui aurait son pied bot dans la tête, ajoutait-il toujours en son for intérieur quand quelqu'un faisait allusion à cette ressemblance. Il savait très bien qu'il avait un fond névrotique. Mais qui n'est pas dans ce cas ? On se console comme on peut.

Il alluma et inspecta les fenêtres pour s'assurer qu'elles étaient hermétiquement fermées. C'était presque une obsession chez lui : il fallait qu'il vérifie, à son départ et en revenant, trois fois au moins à chaque reprise. Puis il jeta un regard par la fenêtre de derrière. La cour était étroite mais profonde, ce qui était un bien. Elle était adossée à un escarpement de terre qui ne s'était pas encore transformé en torrent de boue. L'eau qui ruisselait inondait la cour, noyant les premières marches de la véranda de derrière. D'après ce que lui avaient dit ses voisins, l'escarpement de terre s'avançait jadis beaucoup plus près de la maison. Il y a une dizaine d'années de cela, un effondrement s'était produit et la terre s'était déversée dans l'arrière-cour, atteignant presque la maison. Sa tante avait dépensé beaucoup d'argent pour la faire enlever et faire construire un muret de béton au pied de la falaise. Puis, il y a deux ans, la terre avait à nouveau glissé à la suite de pluies particulièrement diluviennes ; mais elle n'avait fait que submerger le muret pour s'avancer de deux mètres dans la cour. La tante avait laissé les choses en l'état, et était morte l'année suivante.

Tout le secteur de Los Angeles, Ventura et Orange était inondé. Le gouverneur envisageait de déclarer la Californie du Sud zone sinistrée. Des maisons avaient été emportées par le flot, d'autres avaient été ensevelies sous des avalanches de boue, une voiture avait disparu dans un trou sur Ventura Boulevard, une femme qui attendait son bus dans le centre de Los Angeles avait été ensevelie sous une avalanche de boue, des glissements de terrain emportaient les maisons du côté de Pacific Palisades et un peu partout dans les canyons.

Le déluge n'avait qu'un côté positif : pas de smog.

Childe gagna la cuisine, ouvrit le garde-manger, en sortit une bouteille de *Jack Daniels.* Il buvait rarement, préférant la marijuana, mais quand il était à la fois énervé et abattu, la marijuana ne faisait qu'accentuer son vague à l'âme. Il avait besoin de quelque chose pour anesthésier ses nerfs et sa mémoire, et le malt du Tenessee *on the rocks* convenait tout à fait à la circonstance.

Il but à petites gorgées, en tremblant et faisant la grimace. Bientôt il parvint à avaler le liquide sans trop de répugnance. Quelques gorgées de plus, et il le sirotait avec plaisir. Un vague engourdissement le gagnait, qui était presque une impression de bonheur. Le souvenir de Vivienne continuait à l'obséder, mais avec moins de violence qu'avant.

Les trois hommes étaient entrés dans la pièce, et l'un d'eux avait délicatement placé la pointe de son épée sur la gorge de Vivienne. Elle avait parlé d'une trêve, qu'il était en train de rompre.

Quelle trêve ? Il n'était pas arrivé à le savoir. Mais l'homme à l'épée avait accusé Vivienne et les siens — il avait dit les « Ogs » — d'avoir rompu la trêve les premiers. Les Ogs avaient séquestré Childe et avaient abusé de lui. C'était tout à fait contraire aux conventions. Childe devait absolument ignorer leur existence — Ogs ou Tocs.

De plus, ils avaient mis ses jours en danger. Leur conduite irresponsable aurait pu le tuer. En fait, les Tocs se demandaient si ce n'était pas là le but visé par les Ogs.

— Vous savez parfaitement que nous avons solennellement juré, sur la Face de Barrukh et le Testicule de Drammukh, de laisser l'Enfant se développer jusqu'à ce qu'il soit prêt ! avait dit l'homme à l'épée.

L'Enfant ? s'était demandé Childe. Etait-ce à lui qu'on faisait allusion ? [1]

Sans bouger du lit, Vivienne avait plaidé :

— C'est par accident qu'il est parvenu chez nous — chez Igescu, je veux dire. Il s'obstinait à nous espionner, et nous n'avons pas pu résister à la tentation de participer à son Pouvoir. C'est là qu'est notre faute. Puis nous avons été débordés par les événements. Nous n'avons pas su le manier comme il fallait, je le reconnais. Nous avons oublié qu'il fallait le surveiller de très près ; il a l'air si humain que c'est facile, vous savez. Et parfois il agit si stupidement qu'on en est venu à le sous-estimer.

— Sous-estimer l'Enfant ? dit l'homme à l'épée. Je crois que la stupidité est de votre côté. Il n'est pas encore adulte, vous ne pouvez donc attendre de lui qu'il se conduise comme tel.

1. En anglais, *Child* — (l') Enfant — est homophone de Childe.

D'ailleurs, je doute qu'aucun de vous soit jamais parvenu à l'âge adulte.

Regardant Childe, Vivienne avait alors dit :

— Mais nous parlons anglais !

Et elle s'était lancée dans un discours précipité en une langue qu'il ne comprenait pas, mais qu'il avait déjà entendue : c'était la langue qu'utilisaient ses ravisseurs lorsqu'il s'était trouvé prisonnier chez Igescu.

Bien que n'ayant pu comprendre ce qui avait suivi, il avait été à même de saisir le nom de l'homme à l'épée. C'était Hindarf.

Hindarf paraissait bien décidé à transpercer Vivienne de son épée, mais elle parvint à l'en dissuader. Finalement, Hindarf s'était approché de lui, l'avait piqué avec une aiguille, et il s'était retrouvé en état de fonctionner à peu près normalement. Il s'était rhabillé et avait quitté la maison en compagnie des nouveaux arrivants. Comme il était encore trop secoué pour conduire, Hindarf avait pris le volant tandis que les deux autres suivaient dans leur voiture. Hindarf avait refusé de répondre à ses questions. Il s'était contenté de lui répéter de se tenir à l'écart des Ogs. Apparemment, les explications fournies par Vivienne l'avaient satisfait.

Un peu avant d'arriver à Topanga Canyon, Hindarf avait arrêté la voiture et dit :

— Je crois que maintenant vous pouvez conduire.

Il était descendu et avait tenu quelques instants la portière ouverte, sous la pluie battante qui s'engouffrait dans le véhicule, trempant le volant et le siège du conducteur. Il avait passé la tête à l'intérieur, et ajouté :

— Je vous en prie, ne vous frottez plus à eux. Ils représentent un danger mortel. Vous devriez le savoir. S'il n'y avait pas... (Il avait gardé le silence quelques instants, puis repris :) Peu importe. Nous veillerons.

Il avait claqué la portière. Childe s'était installé à la place du conducteur, et avait suivi du regard Hindarf qui s'éloignait avec les autres. Leur voiture avait viré pour redescendre Topanga Canyon.

Essayant de suivre la télé tout en lampant de grandes giclées de *Jack Daniels,* Childe repensait à cette soirée. Rien de tout cela n'avait de sens. Mais il était convaincu qu'Igescu, Krautschner, Herbe-qui-Plie, Pao et les autres n'étaient pas des vampires, des loups-garous, ou autres créatures de ce genre. C'étaient des êtres très étranges, à la lisière du surnaturel, ou de ce que les humains appellent surnaturel. La théorie avancée par Igescu, qu'il avait lui-même reprise à l'érudit belge du début du XIXe siècle, « expliquait » l'existence de ces créatures. Mais Childe commençait à penser qu'Igescu lui avait monté un bateau. Il ignorait les raisons qu'il pouvait bien avoir de lui mentir, mais il y avait beaucoup de choses qu'il ignorait dans cette affaire.

S'il avait un grain de bon sens, il suivrait les conseils d'Hindarf.

Malheureusement, le « bon sens » n'avait jamais été son fort.

Après quatre verres de whisky de malt sur un

estomac vide, et qui avait de plus perdu l'habitude de l'alcool, il alla se coucher. Il eut un sommeil agité, traversé de rêves et cauchemars dont son esprit ne garda pas la trace au matin.

Ce fut la sonnerie persistante du téléphone qui le réveilla. Encore sous l'emprise de la drogue, si l'on considère l'alcool comme une drogue, il fit tomber le combiné en tâtonnant pour le trouver. Quand il l'eut ramassé, ce fut pour entendre une voix masculine inconnue :

— Je suis bien chez McGivern ?

— Quel numéro demandez-vous ? dit Childe.

Il y eut un déclic. On avait raccroché. Il regarda les aiguilles lumineuses de sa montre : trois heures du matin.

Il essaya, sans succès, de se rendormir. A trois heures dix, il se leva pour aller chercher un verre d'eau dans la salle de bains. Il n'alluma pas la lumière. En sortant de la salle de bains, il décida d'aller jeter un œil par la fenêtre pour voir l'état du temps avant de se recoucher.

Il écarta le rideau et regarda au dehors. La voiture qu'il avait repérée sous le chêne s'éloignait. A la lumière des phares de la voiture qui venait derrière, il vit une silhouette masculine au volant. Comme la voiture faisait demi-tour pour s'engager lentement en direction de Topanga Canyon, les phares de l'autre véhicule éclairèrent le visage blême de Fred Pao, le Chinois qu'il avait vu chez Igescu. Ses phares révélèrent les silhouettes de trois hommes à bord de l'autre voiture. L'une d'elles ressemblait à celle d'Herbe-qui-Plie, l'Indien Crow — ou l'hommeours Crow — mais c'était impossible : il avait trouvé la mort sous les roues de sa voiture quand Childe s'était enfui de la maison en flammes d'Igescu.

Il se rua vers sa chambre, sauta dans son pantalon et ses chaussures sans prendre la peine de mettre des chaussettes, puis gagna la pièce de devant où il prit un imperméable, un chapeau de pluie, son portefeuille et les clés de la voiture. Il sauta au volant et démarra en marche arrière pour rejoindre la rue, faisant jaillir l'eau comme si le véhicule s'était transformé en planche de surf. Il conduisait plus vite qu'il n'aurait dû : il dérapa à deux reprises, puis le moteur hoqueta et il crut qu'il l'avait noyé.

Il les rattrapa cinq cents mètres plus loin dans Topanga Boulevard. La voiture de tête roulait encore plus lentement, comme si le conducteur avait l'intention de prendre une route privée qui escaladait le flanc de la colline. Childe ne l'avait jamais empruntée, mais il savait qu'elle conduisait à une grande bâtisse de deux étages perchée au sommet qui avait été construite à l'époque où la route était encore un chemin de terre. De là-haut, on avait une bonne vue sur les environs et notamment sur sa maison.

Brusquement, la première voiture stoppa. La seconde en fit de même. Il n'avait d'autre choix que de poursuivre sa route : il aurait pu leur mettre la puce à l'oreille en s'arrêtant lui aussi. Arrivé au sommet de la colline, il ralentit, trouva une allée, s'y engagea et fit une marche arrière. Il arriva au bas de la colline pour voir les deux voitures qui redescendaient Topanga Canyon Boulevard.

Childe s'interrogea sur le pourquoi de ce changement de programme. Avait-il éveillé leurs soupçons ? A moins qu'ils n'aient aperçu la lumière de ses phares au moment où il s'était engagé dans Topanga ?

Childe entra à leur suite dans Los Angeles. Les voitures progressèrent prudemment à travers la pluie battante et les rues inondées jusqu'au carrefour de San Vicente Boulevard et La Cienega. Quand le feu passa au vert, elles bondirent soudain en avant. Projetant de grandes gerbes d'eau, faisant hurler leurs pneus sur la chaussée détrempée, elles prirent rapidement de la vitesse. Il accéléra également. Au niveau de la Sixième rue, elles franchirent le terre-plein central et poursuivirent leur route de l'autre côté du Boulevard, pour virer brutalement à droite dans Orange Street.

Le feu était au vert, pour eux et pour Childe qui les suivait à peu de distance. Ses roues arrière heurtèrent le rebord du refuge central, une d'elles se souleva, et il y eut un grand bruit. Il supposa que son aile arrière droite avait heurté le signal lumineux, mais apparemment le comportement du véhicule n'en avait pas été affecté. Il accéléra donc de plus belle pour rejoindre les deux voitures, en se disant qu'il était idiot de risquer ainsi sa peau. Mais leur acharnement à se débarrasser de lui, la manière dont ils avaient délibérément tenté de le semer en l'aiguillant vers la maison sur la colline le poussaient à ne pas abandonner la poursuite.

Il sentit sa détermination vaciller quand la voiture s'engagea dans Wilshire Boulevard, en direction de l'Ouest. Ils avaient brûlé un feu rouge sans marquer le moindre temps d'arrêt et quand il arriva à son tour au carrefour, il aperçut leurs feux arrière qui se trouvaient déjà à une centaine de mètres de là. Les véhicules continuaient à soulever de grandes gerbes d'eau.

Il accéléra encore. Il n'avait pas la moindre idée de ce qu'il ferait s'il parvenait à les rattraper. Quatre contre un ? Et sur ces quatre, un au moins — les autres aussi probablement — était un être doué d'étranges et redoutables pouvoirs. Il se remémora les paroles de Hindarf.

Au carrefour de Wilshire Boulevard et San Vicente, les deux voitures brûlèrent le signal deux secondes après que le feu soit passé au rouge. En même temps arrivaient deux autres voitures, venant du sud, sur San Vicente Boulevard. La première prit en écharpe le véhicule de Fred Pao, tandis que la seconde s'encastrait dans l'arrière de la première. La voiture qui suivait celle de Pao l'emboutit également par l'arrière. L'instant suivant, la voiture de Childe, après plusieurs tête-à-queue sur la chaussée détrempée, heurtait de l'arrière la voiture qui suivait Pao. Les cinq véhicules encastrés l'un dans l'autre firent plusieurs tours sur eux-mêmes, comme une étoile à cinq branches.

Chapitre VIII

— Très bien, Forry, dit Heepish. Si vous en avez tellement envie...

Il s'inclina avec un gracieux mouvement de bras. Forry sentit le sang affluer à ses joues.

— Si j'en ai envie ? s'étrangla-t-il. Mais il est à moi ! Je l'ai payé de mon argent. Vous me l'avez volé, comme un vulgaire cambrioleur !

— Un vulgaire cambrioleur ne s'intéresserait pas à ça, dit Heepish.

Décidant qu'il n'avait rien à gagner à s'attarder plus longtemps, Forry s'élança en avant. Les autres s'écartèrent pour le laisser passer, et Heepish se précipita même pour lui ouvrir la porte.

— A bientôt, Forry, dit-il.

— Ouais. En prison, peut-être !

Sitôt rentré chez lui, Forry accrocha le tableau au mur et s'assura que toutes les portes étaient bien fermées. Comme les Dummock n'étaient toujours pas rentrés, il résolut de s'installer sur le divan pour la nuit. Puis il se souvint qu'il devait expédier le dernier numéro de *Vampirella* à la composition ! Ça lui était complètement sorti de la tête !

Il se fit un peu de café et gagna son « bureau », sur l'arrière de la maison. Il travailla ferme jusqu'à deux heures trente, quand soudain son attention fut attirée par un léger bruit provenant de quelque part dans la maison. Il se leva, jaillit de son bureau — et brutalement les lumières s'éteignirent. Il ne manquait plus que ça !

Il chercha à tâtons des allumettes dans le tiroir de sa table de travail, sans grand espoir d'en trouver, puisqu'il ne fumait pas. Ses recherches étant demeurées vaines, il prit la direction de la cuisine. Les étagères du garde-manger étaient chargées de livres et de magazines : Forry prenait tous ses repas à l'extérieur, ou chez Wendy. Quant au réfrigérateur, à l'exception d'un peu de crème pour le café et de quelques biscuits, il ne contenait que des microfilms.

Tandis qu'il tâtonnait dans l'entrée à la recherche d'une lampe de poche, la lumière revint tout d'un coup. Il poursuivit cependant sa quête jusqu'à ce qu'il eût trouvé la lampe : en cas de nouvelle coupure, il pourrait travailler à la lumière de celle-ci.

En retournant à son bureau, il jeta un coup d'œil dans la pièce de devant. Le tableau de Stoker avait à nouveau disparu.

Le temps n'était plus aux vaines supputations. Il coiffa son chapeau, enfila son imperméable, chaussa ses caoutchoucs et gagna sa voiture aussi vite que le lui permettait son cœur. Il se mit au volant de la grosse Cadillac verte et s'enfonça dans le lac qu'était devenu Sherbourne Drive. Roulant au maximun de ses possibilités, il fut en moins de deux minutes devant la demeure de Woolston Heepish. Fred Pao, le tableau sous le bras, sortait tout juste de sa voiture.

Forry klaxonna et fit des appels de phares dans sa direction. De surprise, le Chinois faillit lâcher le précieux fardeau. Poussant un cri de détresse, Forry baissa la glace pour lancer à Pao :

— Cette fois, c'est la police !

Pao fourra le tableau à l'arrière du véhicule, gagna au pas de course le siège du conducteur, fit rugir le moteur et démarra en trombe. Dans un hurlement de pneus, la Mercury tourna dans Olympic Drive. Forry la suivit quelques secondes du regard en se mordant la lèvre, puis démarra à son tour dans un même hurlement de pneus en klaxonnant comme un forcené. Le Chinois emportait son Dracula préféré pour le cacher quelque part jusqu'à ce que la police abandonne l'enquête ! Et alors, Woolston Heepish n'aurait plus qu'à le récupérer !

Mais ils avaient compté sans Forrest J Ackerman ! Tel Buck Rogers sur la piste des voleurs de chevaux, FJA n'aurait pas de cesse que la justice n'ait triomphé !

Pao tourna vers l'Ouest dans Olympic Boulevard. Forry voulut lui aussi ignorer le stop, mais dut freiner en catastrophe pour éviter une voiture qui arrivait sur sa droite, en soulevant de grandes gerbes d'eau tandis que son conducteur klaxonnait comme un damné. Il dérapa et s'engagea en glissade sur le Boulevard. L'autre voiture dérapa elle aussi, fit un tour complet sur elle-même et se retrouva poursuivant sa route vers l'Ouest. Forry redressa la Cadillac et se mit à la mener comme un hors-bord de course. Au milieu d'une double gerbe d'écume, il dépassa la voiture qu'il avait failli heurter et appuya à fond sur le champignon pour rattraper Pao au moment ou celui-ci virait à droite dans Robertson Boulevard. Il brûla un feu rouge, provoquant les klaxons indignés et les crissements de freins de deux véhicules. Il suivit Pao dans Robertson Boulevard, puis s'engagea à sa suite dans Charleville Boulevard. Malgré les multiples stops, aucun d'eux ne marqua d'arrêt. Puis Pao tourna vers Wilshire Boulevard, revint en direction de Robertson Boulevard, le remonta en ignorant superbement les stops et les feux, quelle que soit leur couleur, et vira sur les chapeaux de roues dans Burton Way. Se dirigeant vers San Vicente, il brûla un feu rouge, imité par Forry. Dans le lointain, une sirène de police se mit à hululer, et Forry fut tenté de ralentir. Mais il décida que son excès de vitesse était justifié, et, même dans le cas contraire, une contredanse serait bien peu de chose si les flics parvenaient à rattraper Pao avec le tableau volé. Il espérait que les flics arriveraient à temps : sinon, ils pourraient bien se retrouver avec un Chinois mort sur les bras.

Pao continuait dans San Vicente Boulevard ; il

brûla un autre feu rouge à l'intersection de la Sixième Rue, suivi à deux longueurs de carrosserie par un Forry déchaîné. Malgré leur mépris des règles de la circulation, aucun d'eux ne roulait à plus de soixante-dix : la couche d'eau était trop dense pour autoriser des vitesses supérieures.

Au carrefour de Wilshire et San Vicente, le feu était au vert, mais deux autres voitures passèrent au rouge, et Pao heurta la première par le côté. Forry freina et parvint à ralentir quelque peu, mais ne put éviter d'emboutir l'arrière de la voiture du Chinois. Sa tête alla donner dans quelque chose de dur et ce fut le noir.

Chapitre IX

Childe était à moitié groggy. Au hurlement du métal, au crissement des tôles écrasées se pliant les unes contre les autres, au tintement du verre qui vole en éclats, succéda un brusque silence, traversé uniquement par le bruit de la pluie et le hululement d'une sirène lointaine. Les phares de certaines des voitures, toujours allumés, projetaient un pâle halo mouillé au-dessus de la scène de l'accident. C'est alors que Childe vit un énorme renard noir bondir sur son capot ; l'animal découvrit un instant ses dents en le regardant à travers le pare-brise, puis s'éloigna en trottinant sur la chaussée et se perdit dans l'obscurité.

Le hululement de la sirène de police vint mourir à côté des véhicules accidentés, et deux policiers sortirent de la voiture de patrouille. Au même moment, un gros chien — non, un loup — passa devant Childe et suivit le chemin emprunté par le renard.

Un des policiers jeta un regard à l'intérieur des voitures, lâcha un juron et dit :

— Hé, Jeff, vise un peu ça ! Deux tas de vêtements dans celle-là et un autre tas dans cette bagnole ; et pas trace des propriétaires ! Qu'est-ce que c'est ce micmac ?

Il y avait vraiment de quoi y perdre son latin : pas de mort, ni même de blessé sérieux ; la voiture de Childe avait l'avant et le côté enfoncé, mais était toujours en état de marche ; celle d'un certain M. Ackerman avait le radiateur enfoncé et devrait être prise en remorque. La voiture de Pao était bonne pour la ferraille. Les autres avaient aussi le radiateur endommagé et ne pouvaient rouler bien longtemps.

Un des flics mit en place des feux de détresse. L'autre ne pouvait s'arracher à l'idée des vêtements abandonnés. Il ne cessait de marmonner :

— J'en ai vu, des trucs dingues, mais ça c'est vraiment plus fort que tout.

Une autre voiture de patrouille arriva au bout d'un quart d'heure. Les policiers constatèrent que personne n'était à hospitaliser. Ils notèrent les renseignements nécessaires, distribuèrent quelques contraventions mais ne purent rien retenir contre les personnes impliquées dans l'accident. D'ailleurs, avec cette pluie qui s'éternisait, les flics ne savaient plus où donner de la tête et étaient bien obligés d'abréger la procédure réglementaire. L'un d'eux laissa entendre que MM. Pao et Batlang auraient à répondre de délit de fuite. Et si les vêtements abandonnés leur appartenaient, ils pouvaient être poursuivis pour outrage aux mœurs et sans doute soumis à un examen psychiatrique.

Un des passagers de la voiture suggéra qu'ils devaient avoir été sonnés par le choc. Il les connaissait très bien : c'étaient des citoyens respectueux des lois qui ne se seraient jamais rendus coupables d'un délit de fuite.

— Peut-être, répondit le flic. Mais reconnaissez que c'est plutôt bizarre qu'ils se soient tous les trois dépouillés de leurs vêtements — on dirait même qu'ils en sont sortis sans rien défaire — pour prendre la tangente. On était juste derrière vous, et on ne les a même pas vus passer.

— Ça dégringolait sec, dit le passager.

— Pas à ce point.

— Quelle nuit, soupira l'autre flic.

Childe essaya de faire parler les autres protagonistes de l'accident mais seul Forest J (pas de point) Ackerman consentit à lui répondre. Il paraissait s'inquiéter beaucoup au sujet d'un tableau déposé sur la banquette arrière de la voiture de Pao. Il l'avait sorti peu après l'arrivée de la police pour le placer à l'arrière de sa Cadillac. Si les policiers l'avaient remarqué, ils n'avaient fait aucune observation. A présent, il voulait rentrer chez lui.

— Je vous emmènerai dès qu'ils nous laisseront partir, dit Childe. Vous n'habitez pas très loin d'ici : ça ne me dérange absolument pas.

Il ignorait le rôle qu'Ackerman jouait dans l'affaire. Il semblait être une victime innocente, mais il y avait cette histoire d'escamotage de tableau. Comment était-il tombé entre les mains de Pao ? En outre, il semblait y avoir deux Pao. Des jumeaux ?

Sur le chemin du retour, Forry Ackerman lui fit part de ses mésaventures. Childe dressa l'oreille, car il avait fait la rencontre de Woolston Heepish à l'époque où il enquêtait sur la disparition de Colben, son associé. Un ami l'avait emmené chez Heepish qui, selon lui, en connaissait un bout sur les histoires de vampires : or, dans le film qu'on lui avait montré au Commissariat Central, une sorte de Dracula de pacotille assistait à la mutilation de Colben.

Childe décida de faire semblant de croire au récit d'Ackerman. L'homme paraissait de bonne foi, sincèrement bouleversé et déconcerté par ce qui s'était passé. Mais il était aussi possible qu'il soit l'un d'eux — les Ogs, comme les appelait Hindarf. Et il était encore possible que ce soit un Toc.

En s'arrêtant devant la maison d'Ackerman, il considéra la forme sombre du bâtiment brouillée par la pluie et remarqua :

— Si je n'étais pas prévenu, je jurerais que Heepish habite ici.

— Cet individu me singe en tout. Ce n'est pas pour rien qu'on l'appelle « le pauvre de Forry Ackerman » — encore que je ne le crois pas si pauvre que ça.

Ils pénétrèrent à l'intérieur, et tandis qu'Ackerman accrochait le tableau, Childe examina les lieux. Le dessin général de la maison était le même, mais les peintures et autres objets étaient différents. En outre, l'endroit était plus clair et semblait plus orienté vers la science-fiction que chez Heepish.

Quand Forry redescendit du canapé avec un sourire satisfait, Childe dit :

— Il y a quelque chose qui ne colle pas dans cet accident, en plus de la disparition de Pao. Je poursuivais Pao au volant d'une voiture, et trois hommes dans une autre. Or vous m'avez dit que vous étiez aussi à la poursuite de Pao.

— C'est vrai, dit Forry. C'est incompréhensible. Cette soirée m'a complètement chamboulé. Je dois expédier le dernier numéro de mon magazine à mon éditeur de New York, et je suis encore loin du compte. Il va falloir que je mette les bouchées doubles pour rattraper le temps perdu.

Childe interpréta cette remarque comme une invite à prendre congé. L'homme devait être vraiment passionné par son travail. Combien seraient capables de retourner s'asseoir à leur bureau pour travailler sur des histoires de vampires après avoir eu affaire à d'authentiques vampires, sans parler des hommes qui se transforment en loup ou en renard ?

— Quand vous aurez terminé votre boulot et qu'on aura le temps de parler, il faudra qu'on se voie. J'ai pas mal de questions à vous poser, et aussi à vous raconter quelques histoires de nature à vous intéresser, même si elles vous paraissent trop extravagantes pour qu'on y croit.

— Je suis trop fatigué pour croire à autre chose qu'à une bonne nuit de sommeil, que je ne suis pas près d'avoir dans l'immédiat, répliqua Forry. Je ne veux pas avoir l'air de vous mettre à la porte, mais...

Childe hésita. Devait-il abuser encore du temps de cet homme pour le mettre en garde ? Il décida d'y renoncer. S'il connaissait le danger qui le menaçait, il ne parviendrait pas à se concentrer sur son travail. Et connaître ce danger ne lui servirait absolument à rien s'il ne foutait pas le camp en vitesse. Et cette dernière éventualité était peu probable : Childe n'aurait pas cru un mot de toute cette histoire s'il ne l'avait personnellement vécue.

Il donna son adresse et son numéro de téléphone à Forry, et conclut :

— Appelez-moi quand vous voudrez qu'on en discute. J'ai un tas de choses à vous apprendre. A nous deux, nous arriverons peut-être à avoir une vue plus complète de la situation.

Forry dit qu'il n'y manquerait pas. Il raccompagna Childe à la porte, non sans ajouter sur le seuil :

— Je crois que je vais installer le tableau dans mon bureau. Je ne serais pas autrement surpris que cet Heepish recommence.

Childe ne lui demanda pas pourquoi il n'alertait pas la police : ça ne ferait que retarder encore le bouclage de *Vampirella.*

Chapitre X

Harald Childe ne réintégra son domicile qu'à sept heures du matin. La pluie s'était arrêtée vers quatre heures trente, mais les canyons étaient transformés en torrents rugissants. La police l'intercepta, mais il fut autorisé à poursuivre sa route quand il eut expliqué qu'il habitait sur les hauteurs. Seuls les résidents avaient accès à cette section de Topanga Canyon, et encore leur conseillait-on de ne pas s'y engager s'ils pouvaient s'en dispenser. Finalement, quand Childe se retrouva devant chez lui, ce fut pour constater que trois maisons avaient glissé de deux à sept mètres sur le flanc de la colline. Deux d'entre elles paraissaient abandonnées par leurs occupants, mais devant la troisième une famille chargeait des meubles et des vêtements à l'arrière d'une camionnette. Childe envisagea un instant de se porter à leur secours, puis décida qu'ils étaient assez grands pour se tirer d'affaire tout seuls. La camionnette était certainement plus apte que sa voiture à progresser dans la couche d'eau, et s'ils tenaient à s'esquinter le dos pour déménager leur canapé, ça regardait leur douce folie.

Il y avait à nouveau une voiture, du même modèle et de la même année que les autres, qui stationnait sous les branches du chêne. L'eau qui dévalait la rue arrivait au-dessus des moyeux de roues. La force du courant était telle que la voiture de Childe se trouvait parfois soulevée d'au moins un centimètre. Mais il n'y avait jamais plus d'une roue à la fois pour perdre ainsi contact avec le sol.

Il se gara dans l'allée. Le garage était inondé, et il voulait garder sa voiture prête à démarrer rapidement en cas de besoin. L'eau qui dévalait l'escarpement et noyait l'arrière-cour pouvait finir par soulever le garage — à moins que la falaise ne glissât et que la masse de boue ne vînt s'abattre sur ce même garage.

Il ouvrit la porte et la referma à clé derrière lui. Il s'engageait dans la pièce quand il aperçut dans la pâle lumière du petit jour une forme indistincte s'agiter sur le canapé. Il crut que son cœur s'arrêtait de battre.

Les contours de la silhouette se précisèrent : elle s'était trouvée jusqu'alors enveloppée dans une couverture.

Durant quelques instants, il hésita à l'identifier. Puis il poussa un cri :

— Sybil !

C'était son ex-femme.

Elle courut à lui, jeta ses bras autour de son cou, enfouit son visage contre sa poitrine et éclata en sanglots. Tout en l'étreignant, Childe ne cessait de murmurer :

— Sybil ! Sybil ! Moi qui te croyais morte ! Mon Dieu, où étais-tu ?

Bientôt, elle cessa de pleurer et éleva son visage vers lui pour l'embrasser. Elle avait toujours trente-quatre ans, mais paraissait avoir vieilli de cinq ans. Elle avait de grands cercles sombres sous les yeux, et les lignes qui partaient du nez vers les coins de la bouche s'étaient creusées. Elle paraissait aussi plus frêle.

Il la guida vers le canapé, la fit asseoir et dit :

— Tu vas bien ?

Elle se remit à sangloter, mais leva bientôt les yeux pour dire :

— Oui et non.

— Qu'est-ce que je peux faire pour toi ? demanda-t-il.

— Tu peux m'apporter une tasse de café. Et un joint, si tu en as un.

Il agita la main, comme pour signifier qu'il avait tiré un trait sur le passé :

— Je n'ai pas d'herbe. Je me suis remis à l'alcool.

Elle eut l'air effrayée et il se hâta d'ajouter :

— Juste une dose de loin en loin. J'ai repris les études. A l'UCLA. Une licence d'Histoire. (Puis :) comment as-tu trouvé la maison ? Comment es-tu arrivée ici ? C'est ta voiture, devant ?

— On m'a amenée ici — des personnes m'ont amenée ici — et je me suis retrouvée seule dans la maison. J'ai retiré le bandeau que j'avais sur les yeux et j'ai regardé. J'ai vu ma photo sur la table de chevet, et c'est comme ça que j'ai su où j'étais. J'ai décidé de t'attendre, et je me suis endormie.

— Un instant, dit-il. Je comprends que c'est une longue histoire. Je vais faire du café et préparer quelques sandwichs, au cas où on aurait faim.

Bien que pressé d'entendre ce qu'elle avait à lui dire, il ne voulait pas risquer de voir son récit interrompu une fois qu'elle l'aurait commencé. Il fit très vite le nécessaire et apporta sur un plateau un grand pot de café, de la nourriture et quelques cigarettes plutôt desséchées qu'il avait retrouvées dans le garde-manger. Il ne fumait plus, mais gardait des cigarettes en réserve pour les femmes qu'il emmenait chez lui.

Sybil dit : « Ah, c'est bon ! » et tendit la main vers les cigarettes. Puis elle la retira et dit d'un ton las :

— Ça fait six mois que je n'ai pas fumé, et mes poumons s'en trouvent beaucoup mieux. Je ne vais pas recommencer.

Elle avait déjà dit ça auparavant, et semblait sincère en le disant. Mais cette fois, sa voix avait un ton de résolution inaccoutumée. Quelque chose lui était arrivé, qui l'avait changée.

— Très bien, dit-il. Tu es partie pour suivre l'enterrement de ta mère à San Francisco. J'ai appelé ta sœur, qui m'a dit que tu lui avais téléphoné pour lui dire que tu ne trouvais pas d'avion, et que ta voiture était en panne. Tu as dit que tu arrivais avec un ami, mais sans autre précision. C'est les dernières nouvelles que j'ai eu de toi. Et aujourd'hui, à un an de distance, je te retrouve chez moi.

Elle prit une profonde inspiration et dit :

— Je ne te demande pas de me croire, Harald.

— Je croirai n'importe quoi. N'importe quoi qui soit crédible.

— Je n'ai pas pu te joindre, et après cette affreuse dispute, je pensais que tu ne voudrais jamais plus me revoir. Il fallait que j'aille à San Francisco, mais je ne savais pas comment. C'est alors que j'ai pensé à un ami que j'avais, et je suis allée à pied chez lui. Il n'habitait qu'à une rue de chez moi.

— Il qui ?

— Bob Guilder. Tu ne le connais pas.

— Un de tes amants ? demanda-t-il, avec une pointe de jalousie.

Dieu merci, cette émotion commençait à s'émousser chez lui, du moins en ce qui la concernait.

— Oui, dit-elle. Un ancien. On s'était séparé, mais pas parce qu' « on ne s'entendait pas : c'est simplement que question baise, c'était pas la grande fête. On avait donc gardé d'assez bonnes relations. En arrivant chez lui, je l'ai trouvé en train de faire ses bagages. Il partait pour Carmel. Il m'a dit qu'il en avait assez de ce smog, qu'il se fichait pas mal des recommandations du gouverneur et qu'il avait décidé de ficher le camp. Ça ne le gênerait pas du tout de me conduire à San Francisco, puisqu'il avait différentes affaires à régler là-bas.

Ils avaient pris par Ventura Boulevard, car la radio avait annoncé que San Diego Freenay était complètement bloqué. On n'avançait pas. C'était à peine mieux sur Ventura Boulevard, mais il valait mieux rouler à quinze à l'heure que pas du tout.

Juste après la montée de Tarzana, le moteur s'était mis à chauffer. Guilder était parvenu à ralier Tarzana, mais il n'y avait qu'une station-service ouverte. Tous les pompistes qui ne s'étaient pas fait la malle se retranchaient derrière leurs volets clos.

— Tu ne me croiras pas, dit-elle, mais j'ai volé une moto. Elle était garée au bord du trottoir, avec la clef de contact sur le tableau de bord. Son propriétaire était peut-être à moins de dix mètres de là, mais avec le smog qu'il y avait, on ne voyait pas à cette distance. Je ne te l'avais peut-être pas dit, mais j'avais déjà conduit des Honda. Un ami à moi qui m'emmenait en ballade avec, il m'avait appris à m'en servir.

Et bien d'autres choses encore, pensa Childe. L'idée s'était présentée automatiquement à son esprit, mais il constata avec satisfaction que cela ne lui faisait ni chaud ni froid.

Toutefois, Sybil n'était pas allée bien loin avec sa Honda. Elle s'était très vite rendue compte que, vu l'état du trafic, elle n'avait aucune chance d'arriver à destination avant la fin de la cérémonie. Les yeux brûlants, les sinus enflammés, les poumons douloureux, elle retourna donc chez elle avec la Honda. Cela lui prit deux bonnes heures. Les voitures occupaient toute la largeur de la chaussée, allant toutes dans la même direction, mais il était encore possible de rouler en empruntant de temps en temps le trottoir. Cinq minutes après qu'elle soit rentrée chez elle, quelqu'un frappa à la porte. Elle pensa qu'il s'agissait d'un voisin. Sans clé, il était difficile de pénétrer dans l'immeuble. Mais elle ne reconnut pas les deux hommes qui se présentèrent, et avant qu'elle ait eu le temps de refermer la porte, ils furent sur elle. Elle sentit une aiguille s'enfoncer dans son bras et perdit conscience. Quand elle s'éveilla, elle se trouvait dans une suite de trois pièces, sans compter la salle de bains. Elles étaient toutes trois vastes et luxueusement meublées, et tout le temps que dura sa captivité elle reçut la meilleure nourriture, les meilleurs alcools, les meilleures cigarettes de marijuana ou non, ainsi que tout ce dont elle pouvait avoir besoin.

Tout sauf des vêtements. Elle avait une très belle tunique et deux négligés arachnéens qui étaient nettoyés chaque semaine.

Quand elle s'éveilla, elle était seule. Elle explora sa demeure pour découvrir qu'elle ne comportait pas de fenêtres et que les deux portes étaient fermées à clé de l'extérieur. Il y avait également un grand poste de télé et une radio, qui fonctionnaient tous deux. Le téléphone n'était pas branché sur le réseau. Quand elle décrocha le combiné, elle entendit une voix masculine lui répondre, et elle le reposa sans mot dire. Quelques instants plus tard, une porte s'ouvrit, livrant passage à deux hommes et une femme.

Sur la demande de Childe, elle en fit une description détaillée. L'un des hommes devait être un des deux Pao. Le signalement de la femme correspondait à celui de Vivienne Mabcrough. Le deuxième homme n'évoquait rien pour Childe.

Sybil piqua une crise d'hystérie, et ils lui firent une deuxième piqûre. Quand elle s'éveilla à nouveau, elle se maîtrisa. On lui dit qu'il ne lui serait pas fait de mal et qu'elle serait finalement relâchée. Quand elle leur demanda ce qu'ils lui voulaient, elle ne reçut pas de réponse. Au bout d'un an, elle conclut que ses geôliers entendaient l'utiliser pour faire pression sur Childe, d'une manière ou d'une autre.

Se remémorant la manière dont on avait abusé de lui au cours de son bref emprisonnement dans la demeure d'Igescu, Childe avait du mal à concevoir que Sybil s'en soit finalement tirée à si bon compte. Il lui demanda si elle avait été violée.

— Oh, des tas de fois ! dit-elle, comme si la chose avait été toute naturelle.

— Ils t'ont fait mal ?

Cette question ne parut réveiller en elle aucun souvenir particulièrement pénible.

— Au début un petit peu, avoua-t-elle.

— Et maintenant, comment te sens-tu ? Je veux dire, ces expériences ont-elles été psychiquement traumatisantes pour toi ?

Childe commençait à se sentir dans la peau d'un psychiatre, ou d'un procureur général.

— Viens t'asseoir à côté de moi, dit-elle. Elle lui tendit une main pâle et fine. Il s'approcha, passa un bras autour de ses épaules et l'embrassa. Il s'attendait à la voir à nouveau éclater en sanglots, mais elle se contenta de pousser un soupir. Au bout d'un instant, elle reprit :

— J'ai toujours été très franche avec toi, n'est-ce pas ?

— Oui. Mais je ne crois pas que ce soit dû à une irrésistible propension à l'honnêteté. C'est peut-être l'interprétation rationnelle que tu en donnais, mais j'ai toujours pensé que ta franchise était plutôt destinée à me faire du mal qu'à autre chose.

— Tu as peut-être raison, dit-elle. (Elle avala un peu de café et reprit :) Je vais te dire ce qui m'est arrivé, mais ce ne sera pas pour te faire du mal. Du moins je ne crois pas.

Chapitre XI

Sybil prenait de l'exercice, fumait plus que de raison, regardait la télévision, écoutait la radio, lisait les livres et magazines qu'on lui fournissait à chaque fois qu'elle en faisait la demande et, d'une manière générale, faisait tout ce qu'elle pouvait pour ne pas devenir folle. Le plus difficile à supporter était l'incertitude dans laquelle on la tenait quant à son sort. Cependant, ce n'était pas comme si elle avait été totalement seule. L'homme qui répondait au téléphone lui parlait, et elle avait des visites au moins cinq fois par jour. La femme qui lui apportait ses repas restait volontiers avec elle et s'entretenait avec elle si elle en exprimait le désir. Il y avait aussi un homme du nom de Plugger et une certaine Panchita qui venaient très souvent. La superbe Vivienne Mabcrough passait aussi de temps à autre.

— Ils me parlaient de tas de choses, mais ils me posaient aussi des questions sur toi, dit Sybil. Surtout sur ton enfance et ce que j'en savais —

bien qu'ils m'aient aussi interrogée sur tes habitudes personnelles, tes lectures, tes rêves — tu te rends compte, tes rêves ! — et d'autres détails qu'une femme peut connaître sur son mari.

Sybil n'avait vu dans tout ceci rien qui fût de nature à causer du tort à Harald. De plus, sa propension à la franchise la poussait à leur fournir des réponses complètes. C'était du moins l'interprétation qu'elle en donnait.

Au bout d'un certain temps, elle commença à souffrir de sa continence forcée. Ses mamelons s'érigeaient à chaque fois qu'ils entraient en contact avec du tissu. Son vagin la démangeait. Elle se surprit à s'asseoir, un pied replié sous elle pour se balancer rythmiquement sur le talon, ou à se frotter contre le pied du lit ou le dossier d'une chaise. Elle garda même une banane qu'on lui avait apporté au repas pour se masturber.

— Si ça peut te consoler, dit-elle, j'imaginais que je baisais avec toi. Enfin, la plupart du temps.

Il ne lui demanda pas à qui elle pensait les autres fois. En fait, ça ne l'intéressait plus. Et c'était étrange, car il éprouvait pour elle une affection qui ressemblait presque à de l'amour. Il était heureux de la revoir et d'être à nouveau avec elle.

Sybil avait peut-être changé, mais pas totalement : elle éprouvait toujours le besoin de tout lui dire.

— Tu n'as pas à être jaloux de l'autre

homme, reprit-elle. Il n'existe pas. C'est une fiction. Tu devines qui ?

— Ce n'est pas le moment idéal pour jouer aux devinettes, dit-il. Mais à vrai dire non, je ne vois pas qui tu imaginais à l'autre bout de la banane.

— Tarzan ! fit-elle.

— Tarzan ? Foutredieu ! Oh, après tout, pourquoi pas ? Les bananes, les grosses queues, etc. Il va de soi que le Seigneur de la Jungle se doit d'être monté comme pas un.

Malgré tout, il était surpris. Il y avait encore des choses d'elle qu'il ignorait. Tarzan !

Il devait y avoir un circuit fermé de télévision pour la surveiller, continua-t-elle. Sinon, pourquoi Plugger serait-il entré chez elle ce soir-là pour lui dire qu'elle n'aurait plus à souffrir ? Plugger était grand, mince, la peau bronzée, des cheveux noirs qui dessinaient une pointe sur son front, des oreilles un peu pointues et un visage plutôt agréable. Il se planta devant elle et se déshabilla, tandis qu'elle lui demandait ce qu'il faisait, bien que connaissant parfaitement la réponse.

— Il avait un corps splendide, avec une peau au grain extrêmement fin — on aurait dit du verre. Mais il avait aussi une grosse bitte. Pas énorme, simplement grosse et longue, avec au bout le plus gros nœud que j'ai jamais vu. Je ne parle pas du gland : il était de grosseur moyenne, mais il portait une sorte d'excroissance — tu appellerais sans doute ça une verrue

— juste sur le côté. Je lui ai dit que ça me faisait vraiment goder.

— Tu m'as l'air d'avoir pris tout ça plutôt à la bonne, commenta Childe.

— Oui, je souffrais. La banane, c'est mieux que rien, mais c'est pas le rêve. En plus, il était vraiment beau, et il avait suffisamment parlé avec moi pour que je l'apprécie, tout geôlier qu'il soit. Donc je me suis conformée à la sagesse des ancêtres : si vous ne pouvez pas éviter d'être violée, installez-vous confortablement sur le dos et prenez votre pied.

— Vraiment ? dit-il.

— Enfin, pas tout à fait. J'avais un peu peur. Mais il m'a dit qu'il ne me forcerait pas. Ça m'a beaucoup aidé à me relaxer.

Plugger prit place à côté d'elle et l'embrassa. Elle voulut détourner la tête, mais il la ramena doucement vers lui. Elle protesta, disant qu'il abusait d'elle, mais il répliqua qu'il ne demandait qu'un baiser. Si ça ne lui plaisait pas, il ne recommencerait pas.

Elle trouva l'arrangement des plus corrects : après tout, il pouvait très bien la violer sans lui demander son avis.

Elle leva son visage vers lui, et il enfonça sa langue dans sa bouche en lui prenant la main pour la plaquer sur sa bitte.

Elle ressentit une secousse dans la gorge et le long du bras, comme si elle venait de toucher une anguille électrique.

— Enfin, c'était comme une décharge d'électricité, mais en plus faible. En fait, c'était un orgasme que j'ai éprouvé dans ma gorge et le long de mon bras.

Childe se dressa d'un bond et dit :

— Quoi ?

— Oui, je sais. Ça a l'air dingue, mais c'est vrai. J'ai joui. Enfin, tu le sais, quand je jouis, c'est avec tout mon corps. Mais cette fois, le plaisir était plus dense, enfin plus intense, dans ma bouche, ma gorge, ma main, mon bras.

Childe ne fit aucun commentaire. Son expérience chez Igescu lui avait déjà ouvert les portes d'un monde étrange. Il n'avait pas connu Plugger, mais se doutait bien qu'il devait y avoir de nombreux autres êtres étranges dans le groupe.

Sybil se laissa dépouiller sans résister de sa tunique et de son négligé. Elle continua à se laisser faire tandis que Plugger l'allongeait sur le lit, plaçait sa tête entre ses cuisses et enfonçait sa langue en elle. Ce fut comme l'étincelle dans un cylindre plein d'essence vaporisée. L'explosion se traduisit par une succession d'orgasmes précipités, puis ceux-ci vinrent plus lentement, de plus en plus lentement, jusqu'à ce qu'elle se sente au bord de l'évanouissement, incapable de supporter davantage de plaisir.

Tandis qu'elle demeurait là, pantelante et gémissante, il l'enfourcha, plaça sa pine au creux de ses seins et serra légèrement. Ce fut à nouveau la même secousse. La jouissance fut si forte qu'elle aperçut — mais ce n'était bien sûr qu'un effet de son imagination — des étincelles bleues qui jaillissaient du bout de ses seins.

— Le plus bizarre, c'est qu'il ne bandait pas,

dit-elle. Même quand il me l'a mise dans la bouche pour me communiquer cette jouissance électrique, elle est restée molle.

— Il n'a pas joui dans ta bouche ? demanda-t-il. Je veux dire, pas d'émission de sperme ?

— Non, pas de foutre. Cette secousse, c'était une sorte de jouissance électrique.

Elle eut une nouvelle série d'orgasmes, à intervalles trop rapprochés pour qu'elle puisse les compter.

Après quoi, il l'avait embrassé sur tout le corps, et chaque centimètre de sa peau avait ressenti un petit orgasme. Enfin elle avait senti sa langue s'introduire dans son anus : cette fois elle avait failli être projetée à bas du lit, et ce dernier orgasme l'avait fait défaillir pour de bon.

Elle ne dit plus rien pendant quelques instants, comme pour mieux savourer ce souvenir.

Childe rompit le silence.

— Alors, il ne t'a jamais fourré sa bitte dans le con ?

Il n'avait pas voulu s'exprimer aussi crûment, mais, pour la première fois, il se sentait jaloux.

— Non. J'ai essayé de la rentrer, bien qu'il m'ait dit que ce n'était pas la peine d'essayer. Elle pendouillait toujours tristement. Mais tandis que je m'escrimais, j'ai ressenti des orgasmes dans ma paume. J'ai dit que j'étais désolée de ne rien pouvoir faire pour lui, mais il a répondu que ça n'avait pas d'importance ; il était plus que satisfait. Je crois que je n'étais pas tellement loin de la vérité en parlant de jouissance électrique.

Il avait de la haute tension en guise de foutre, on pourrait dire.

Elle l'avait questionné sur ce phénomène, qui commença à l'effrayer quand elle eut suffisamment recouvré ses esprits pour y penser. Il répondit qu'il était autrement constitué, se leva, ramassa ses vêtements et sortit.

Après cela, il revint tous les quatre jours. Quand elle lui demanda pourquoi ses visites n'étaient pas plus fréquentes, il répondit que ce délai lui était nécessaire pour se recharger. Elle le crut sur parole, mais recommença à avoir peur. Quelle étrange espèce était-ce là ? Toutefois, quand il la toucha, sa crainte disparut.

Après cinq visites de Plugger, deux femmes, Panchita et Diana prirent l'habitude de venir la voir dans sa chambre. Elles bavardaient quelque temps avec elle, puis partaient. Elles passaient tous les deux ou trois jours. Puis, un après-midi, Panchita lui demanda si ça lui disait de fumer un peu de hasch. Sybil en mourait d'envie. Elles fumèrent toutes les trois.

— Mais ce n'était pas vraiment du hasch, précisa-t-elle. Ça avait la même odeur, mais ce devait être quelque chose d'autre. Ça me faisait vraiment planer, mais ça me laissait toute molle. Il devait y avoir une espèce d'hypnotique dedans.

Childe se doutait de ce qui allait suivre.

— Ah oui ? fit-il.

— Oui. J'étais bien défoncée, et on riait toutes les trois comme des folles. J'avais complètement oublié que j'étais leur prisonnière, à leur merci. J'avais l'impression d'être avec de très chouettes copines. Euh... de très baisables copines.

— Alors, il y en a une qui t'a fait l'amour ?

— Oh, oui. Panchita s'était assise à côté de moi et avait très naturellement placé un bras sur mes épaules. Ensuite, je me suis aperçue qu'elle avait refermé son autre main sur mon sein, et qu'elle caressait la pointe. Je me sentais pleine d'amour — et de désir — pour elle. Ça me semblait la chose la plus naturelle du monde. Tu sais, Harald, je n'ai jamais été spécialement tentée par ça. Jusque là, je n'avais jamais eu d'expérience homosexuelle. En fait, la seule idée me rendait malade.

Childe ne fit pas de commentaire.

Sybil reprit :

— Diana, la grande blonde avec des seins absolument énormes, s'est installée de l'autre côté. Elle s'est mise à m'embrasser tandis que Panchita faisait glisser mon négligé et commençait à me sucer la pointe des seins. J'avais l'impression d'être en feu. Je mélangeai ma langue à celle de Diana. Puis j'ai senti la bouche de Panchita glisser sur mon ventre. Elle s'y attarda longuement, mais s'arrêta en arrivant à mon con.

Diana me fit lever et me conduisit jusqu'au lit ; là, elle me retira mon négligé. Je grimpai sur le lit, m'étendis sur le dos tandis que Diana et Panchita se déshabillaient. Elles prirent position chacune d'un côté du lit et pressèrent mes mains contre leur con. Ils étaient tous deux trempés, bien lubrifiés. J'enfonçai un doigt dans chaque fente, elles se mirent à mouvoir rythmiquement leurs hanches en se masturbant elles-mêmes.

— Est-il nécessaire d'entrer aussi loin dans le détail ? dit Childe.

— C'est une bonne thérapie pour moi, dit-elle.

Elle avait les yeux fermés, la tête renversée contre le dossier du canapé.

Les deux femmes l'avaient rejointe sur le lit. Diana l'embrassait et lui caressait les seins, tandis que Sybil caressait le sein gauche de Diana. Après avoir tracé de sa langue un triangle autour de la toison, Panchita descendit entre les cuisses de Sybil. Elle les écarta, lui glissa un oreiller sous les fesses. Ensuite, Sybil se souvenait de la langue de Panchita sur son clitoris, remontant aussi haut qu'elle pouvait dans le vagin. Elle l'y maintint jusqu'à ce que Sybil parvienne à l'orgasme.

— Puis Panchita et Diana changèrent de place, et Diana me baisa à son tour avec sa langue. Diana était plus douée, j'ai joui au moins cinq fois. Puis Panchita m'a enfourchée, je lui ai léché le con, introduit ma langue dans la fente et titillé le clitoris. Elle a joui à plusieurs reprises, après quoi ce fut le tour de Diana. Diana a joui presque tout de suite. Ensuite, Panchita s'est de nouveau laissée descendre et m'a léché le cul pendant que Diana recommençait à me sucer le con. J'ai joui encore plusieurs fois, puis nous nous sommes formées en triangle, bouche à moule pourrait-on dire, et c'était vraiment merveilleux !

— Même rétrospectivement ?

— Pas la nuit qui suivit leur départ. Je pleurais, je me sentais sale, je me faisait horreur. A ce moment, l'effet de la drogue s'était dissipé, tu comprends. Mais Diana et Panchita sont revenues me voir et au bout de quelque temps, je n'ai plus eu aucun sentiment de culpabilité. Je me suis mise à aimer ça. Pourquoi pas ? Qu'y a-t-il de mal à faire l'amour avec d'autres femmes ? Est-ce que ça fait du mal à quelqu'un ?

— Non, dit-il. Mais est-ce que leur manière de baiser rendait moins intéressante celle de Plugger ?

— Absolument pas. En fait, s'il fallait donner des notes aux orgasmes, je lui donnerai un vingt avec les félicitations du jury, et à elles un bon dix-sept.

— Maintenant, tu vas me dire que vous avez baisé tous ensemble, toi, ton petit chéri de Plugger et tes deux copines.

Elle rouvrit les yeux et tourna la tête vers lui :

— Comment le sais-tu ? dit-elle. Verse-moi une autre tasse de café s'il te plaît, chéri.

Il lui tendit une tasse pleine et dit :

— Plugger faisait-il le même effet à tes deux copines ?

— Oh, oui. Une fois qu'on se suçait toutes les trois, Diana, Panchita et moi, il a enfoncé sa langue dans le cul de Panchita. Selon lui, c'était elle qui avait le plus beau trou du cul, ce qui me rendait un peu jalouse. Eh bien, le croiras-tu, nous avons toutes ressenti la secousse dans nos cons et dans nos bouches. L'électricité, ou je ne sais pas quoi, s'est propagée à travers nous trois.

— Je peux comprendre que tu aies baisé avec les femmes la première fois, dit-il. Tu étais sous l'influence de la drogue que tu avais fumée. Mais sachant l'effet qu'elle te faisait, pourquoi n'as-tu pas refusé d'en prendre le coup suivant ?

— Comme je te l'ai dit, ça m'avait plu. De toute façon, je n'ai pas eu l'idée de refuser par la suite. Je ne sais pas pourquoi.

— Moi je sais. Tu avais envie de coucher encore avec elles, alors tu as préféré oublier l'effet que t'avait produit ce machin.

— Je ne suis pas lesbienne ! s'écria-t-elle. Je n'ai aucun penchant névrotique pour les femmes ! Je suis capable de les laisser tomber sans que ça me fasse ni chaud ni froid !

— Tu viens juste de sortir de prison, alors comment peux-tu savoir ? dit-il. De toute façon, ça n'a pas d'importance. Et comment ont-ils expliqué l'hypnotique qu'ils t'ont donné, alors qu'ils avaient dit qu'ils ne te forceraient pas ?

— Ils ont expliqué qu'ils ne m'avaient pas forcée à fumer du hasch, ou le truc qu'ils baptisent ainsi, la première fois. Ensuite, que c'était à moi de décider en connaissance de cause.

— Tu es accrochée à cette merde ?

— Absolument pas !

— Tu as peut-être raison. On verra avec le temps. Ce que je ne comprends pas, c'est leur totale absence de sadisme dans le traitement qu'ils t'ont réservé. Si je n'avais pas reconnu à travers tes descriptions certaines personnes que je ne connais que trop, j'aurais juré que ceux qui t'on séquestrée n'avaient rien à voir avec la bande d'Igescu.

— Qu'est-ce que c'est que cette histoire d'autre bande ?

— Je te raconterai plus tard mes aventures, si on peut leur donner ce nom.

Tandis qu'elle poursuivait son récit, Childe se demandait quelle était la part de la vérité et celle de l'affabulation. Qu'elle connut Panchita Pocyotl, Diana Rumbow et les autres, prouvait qu'elle avait été leur prisonnière. Mais la partie sexuelle ? Les choses s'étaient-elles réellement passées comme elle l'avait dit, ou dissimulait-elle inconsciemment quelque chose de plus terrible ? Avait-elle été traumatisée au point de substituer à l'expérience qu'elle avait vécue un récit imaginaire ? Cela semblait peu probable, dans la mesure où elle ne se conduisait pas comme une psychotique. Mais il arrive fréquemment que les psychotiques se comportent de manière tout à fait normale.

Si les Ogs, comme les avait appelés Hindarf, l'avaient traitée avec de relatifs ménagements, c'est qu'ils poursuivaient un dessein particulièrement machiavélique. Et ceci semblait corroboré par le fait qu'ils avaient tenu Vivienne Mabcrough à l'écart de l'entreprise.

— Et alors, un après-midi, j'ai eu la visite de cette femme fascinante — Vivienne.

— Ah ?

Elles avaient fumé ensemble la substance qui avait l'aspect de la marijuana. Sybil savait très bien à quoi elle s'engageait. Elles avaient fait l'amour, mais la créature-serpent ne s'était pas manifestée. Comme Sybil semblait en ignorer jusqu'à l'existence, Childe n'y fit aucune allusion.

Vivienne revint plusieurs fois par la suite — tantôt seule, tantôt en compagnie de Panchita, de Diana, de Plugger, ou des trois ensemble. Puis Fred Pao, ou son jumeau, firent à tour de rôle leur apparition. Ils voulaient tous les deux se faire sucer sans plus, mais sur le refus de Sybil, qui exigeait d'être payée de retour sans quoi elle ne ferait rien, ils amenèrent Plugger avec eux. Tandis que Sybil, au milieu de la chambre, se penchait sur la longue bitte maigre de Pao, Plugger appuyait sa pine électrique contre son cul, ou en frottait le bout contre son con. Parfois, il s'agenouillait, lui écartait les fesses et lui ramonait le cul avec sa langue.

— Eh bien, on dirait que ça marchait pour toi, observa Childe.

Il pensait au sort de Colben et des autres, et à celui qui aurait pu être le sien. Mais, à la réflexion, il était très possible que la bande d'Igescu n'ait pas eu le moindre projet visant à le mutiler ou le tuer : ils semblaient au contraire avoir conscience qu'il représentait quelque chose de spécial, s'il devait se fier à ce que Vivienne et Hindarf avaient laissé échapper durant leur brève conversation en anglais.

Restait qu'ils avaient tenté de le tuer après son évasion, qui avait causé la mort d'un certain nombre d'entre eux. Mais peut-être ne fallait-il voir là qu'un geste d'autodéfense, et non une volonté de tuer pour le plaisir de tuer.

De plus en plus mystèrébouldegomesque, se dit-il, paraphrasant *Alice*.

Et Sybil avait été une sorte d'*Alice au Pays de la Baise :* ses aventures n'avaient certainement rien à envier, quant à l'étrangeté, à celles d'Alice.

— Tu n'as jamais rien remarqué de particulier chez Vivienne ? demanda-t-il.

— Non. Pourquoi ?

Ceci venait encore confirmer la véracité de son récit. Si Vivienne avait dévoilé la créature-serpent, et qu'elles avaient toutes deux fait l'amour avec Sybil, c'est qu'elle était vraiment pleine d'égards pour Sybil.

Malgré la drogue et les autres plaisirs, Sybil avait eu de fréquents accès d'abattement : elle ressentait sa frustration, avait une envie irraisonnée de s'en aller. Par moments, elle se faisait l'effet d'un animal qu'on engraisse pour l'abattoir. Et même après des mois de coexistence et de conversation libre avec ses ravisseurs, elle ne put leur arracher le moindre embryon de réponse quant aux motifs de son emprisonnement.

C'est alors que, deux jours auparavant, elle avait cessé de recevoir des visites, exception faite de la femme qui lui apportait ses repas. La femme ne lui disait même plus bonjour, et il était encore moins question pour elle de répondre aux questions. Sybil avait regardé la télé et fumé du hasch en se demandant ce qui se passait. Ses craintes étaient revenues, et elle avait imaginé toutes sortes de choses terribles.

Puis, cette nuit même, elle avait été éveillée par une main qui la secouait. Elle se redressa sur son lit, le cœur agité de douloureuses palpitations, pour découvrir trois hommes masqués à son chevet. L'un d'eux lui avait dit de s'habiller. Elle s'exécuta, tandis qu'ils s'occupaient de ses bagages. Ils lui avaient apporté ses vêtements, qui étaient sans doute rangés quelque part dans la maison. Puis ils lui avaient bandé les yeux, l'avaient fait monter dans une voiture et enfin relâchée. Le parcours, selon ses estimations, avait duré environ deux heures.

Childe ne fit aucune remarque, mais se dit qu'elle pouvait très bien avoir été séquestrée à seulement quelques rues de chez lui : rien de plus facile que de tourner en rond pour donner l'illusion d'un long parcours.

Par contre, elle pouvait aussi bien s'être trouvée dans la maison de Vivienne, à Beverly Hills.

— Tu te sens bien ? demanda-t-il.

— Quoi ? Ah, oui, très bien à part la fatigue. Et je suis contente d'être sortie de là, bien que l'expérience n'ait pas été totalement dépourvue d'agrément. Mais c'était vraiment déconcertant. Plugger, par exemple, qu'est-ce que tu en penses ? Je veux dire cette électricité qu'il possédait ? Tu crois qu'il avait un genre de pile posée par implantation chirurgicale, par exemple ? On se croirait en pleine science-fiction, tu ne trouves pas ?

Il l'embrassa et dit :

— Et si on faisait un peu l'amour gentiment, comme tous les gens normaux ?

— D'accord, murmura-t-elle. Il est tard et je suis fatiguée, mais ça ne me déplairait pas de coucher avec quelqu'un qui m'aime. Car tu m'aimes, n'est-ce pas, malgré toutes nos petites querelles ?

— Il faut croire que oui, dit-il. Il y a eu des moments pendant cette année où je devenais presque fou à me demander ce que tu devenais. (Il se leva et ajouta :) Le temps de me doucher, de me raser et je suis à toi.

— Je suis propre, dit-elle. Je t'attendrai ici. Tu devrais me porter sur le lit. Ce serait si bien.

Dix minutes plus tard, après s'être dépêché autant qu'il pouvait, il revint dans la pièce de devant. Sybil dormait profondément, roulée en boule sur le canapé. Il fit une grimace plutôt dépitée, l'embrassa sur le front, l'allongea confortablement, la couvrit, déposa un nouveau baiser sur son front et alla se coucher.

La pluie avait repris.

Chapitre XII

Quand Forrest J Ackerman s'éveilla il s'aperçut qu'il s'était endormi sur sa table de travail. Mais devant lui se trouvait le dernier numéro de *Vampirella* enfin bouclé. Il se leva et secoua la tête. Son travail achevé du matin, il avait eu l'intention de se ruer à la poste de Robertson pour l'expédier. Mais, inexplicablement, il s'était endormi.

Sa première pensée fut pour le tableau. L'avait-on drôgué pour le voler à nouveau ? Mais le précieux objet était bien là, à côté du bureau, appuyé contre le mur. Il poussa un soupir de soulagement, où entrait peut-être une certaine dose de ressentiment à l'égard de Woolston Heepish. Il fallait absolument faire quelque chose à propos de ce type. Ce n'était pas seulement un voleur, mais aussi un dangereux individu. Tout homme capable de faire se déshabiller deux femmes afin de le séduire, lui Forrest J Ackerman, et de lui faire oublier son tableau

— et ce devant témoins — n'était d'ailleurs pas seulement dangereux : il était fou.

Forry gagna la cuisine d'un pas encore mal assuré, se rinça la figure dans l'évier, et prit la volumineuse enveloppe qui contenait *Vampirella*. Ce n'est qu'une fois dehors qu'il se souvint qu'il n'avait plus de voiture. Encore une tuile à porter au débit de Woolston Heepish !

A cet instant, comme Zorro ou la cavalerie dans les films de John Ford, les Dummock arrivèrent. Lorenzo s'extirpa de la voiture à quatre pattes, et se mit en devoir de progresser ainsi vers la maison. C'était un beau jeune homme d'environ trente-cinq ans, de taille moyenne, le cheveu noir, le visage coloré, la moustache noire, avec une gentille bedaine ordinairement portée par des jambes grêles. Hulia, sa femme, pouvait encore tenir sur ses seuls membres postérieurs. Petite, la poitrine opulente, les cheveux sombres, le visage aigu, le nez chaussé d'épaisses lunettes, elle avait trente ans.

Forry dit :

— Il faudrait que j'emprunte votre voiture. J'ai une course urgente à faire à la poste.

— Faites donc, dit Lorenzo sans lever la tête. Tout ce qui est à vous est à moi.

— Les clés, dit Forry. Les clés.

— Si vous voulez Hulia, pouvez la prendre. L'est tout à vous, cramouille comprise. Vous me fournissez la bouffe, la gnôle et le papier machine, et l'est tout à vous. Demandez-lui, elle s'en tamponne.

— Je veux les clés de votre voiture, pas votre femme ! rugit Forry.

Lorenzo poursuivait sa progression vers la maison. Il tourna la tête et dit :

— Hulia ! Grouille-toi, aide-moi ! T'as les clés ?

Hulia oscillait sur place en clignant des yeux, comme une énorme chouette saoule.

— Quelles clés ? De la voiture ou de la maison ?

— Te faire foutre ! Forry, pouvez m'ouvrir la porte ?

Forry jeta un regard dans la voiture. Comme il s'y attendait, les clefs étaient restées sur le tableau de bord. Il ne comprenait pas comment, dans son état, Lorenzo avait pu conduire sans emboutir une douzaine d'arbres, mais il fallait croire que le dieu des ivrognes et des égoïstes veillait.

Il revint sur ses pas et ouvrit la porte au couple. Quand Lorenzo eut franchi le seuil à quatre pattes et qu'Hulia se fut écroulée de tout son long sur le ventre, il entreprit de refermer la porte, non sans prendre la précaution de lancer :

— Et tâcher de ne pas dégueuler sur mes affaires ! Sinon, dehors, illico !

— Voyons, Forry ! dit Hulia. Est-ce qu'on a jamais dégueulé sur un de vos objets ?

— Juste sur mon buste de l'*Etrange Créature du Lac Noir*, dit Forry. Je vous ai pardonnés, parce que c'était nettoyable. Mais si vous vomissez sur un de mes livres ou de mes tableaux, ou sur n'importe quoi, dehors !

— Vous devez vraiment nous en vouloir, Forry chéri ! dit Hulia. Je ne vous avais jamais vu en colère. Je vous prenais pour un saint.

— Si je dégueule, vous pouvez vous taper Hulia, dit Lorenzo toujours à quatre pattes au milieu de la pièce. Pourvu que vous nous viriez pas à coup de pied au cul. J'suis en train d'écrire le Grand Roman Cosmique, Forry. Pas le Grand Roman Américain. Le Roman Cosmique. A côté, Tolstoï, Dostoievski et Norman Mailer peuvent aller se rhabiller. Je suis vraiment le plus grand créateur de tous les temps. Forry, mon Mécène, ami des arts, protecteur des talents et des génies, votre nom entrera dans l'Histoire : Forrest J Ackerman, l'homme qui a donné à Lorenzo Dummock un toit pour s'abriter, un lit pour dormir, un bureau pour écrire, de la bouffe, de la gnôle, des cigarettes et du papier machine. Et qui est allé sortir du clou ma machine, la machine de Lorenzo le Magnifique.

Le plus triste était que Lorenzo croyait vraiment à ce qu'il disait. Il y croyait depuis l'âge de dix-huit ans. Le monde devait pourvoir à sa subsistance, parce que le monde en serait le premier bénéficiaire. Le monde, en la personne de Forry Ackermann, lui devait tout.

Lorenzo Dummock avait dit qu'il ferait tout, y compris des pipes si besoin était, pour répondre à l'appel d'Apollon. Tout sauf travailler. Le travail le dégradait, le fatiguait, c'était du temps volé à son œuvre. Hulia, elle, pouvait travailler : elle devait l'entretenir pendant qu'il écrivait. Malheureusement, son asthme et ses crises d'hystérie l'empêchaient d'occuper un emploi stable. Mais on n'y pouvait rien, et si elle suçait une bitte par-ci par-là pour qu'ils continuent à avoir un toit, de la gnôle, des cigarettes et du papier machine, quel mal y avait-il à ça ? Forry avait poliment décliné les offres de pipes de Hulia. Il lui avait dit qu'il préférait la voir s'occuper du ménage dans la maison et faire fonction d'hôtesse quand il avait beaucoup de monde à recevoir. Hulia avait répondu qu'elle le ferait, mais que c'était plus facile, et plus amusant de sucer une bitte. Elle réservait son con à Lorenzo, qui avait des envies de meurtre dès qu'il pensait qu'un autre homme pourrait y tremper son biscuit. Jusqu'ici, les talents de femme d'intérieur de Hulia ne s'étaient pas manifestés de manière éclatante.

Forry les laissa, jurant qu'il les foutrait dehors à la première occasion, et sachant pertinemment qu'il n'aurait jamais le cœur de le faire. Il se mit au volant de sa voiture, une Ford 1960 complètement déglinguée aux pneus totalement lisses, et eut confirmation de ce qu'il soupçonnait : la jauge d'essence était à zéro.

Le moteur accepta néanmoins de démarrer et de lui faire parcourir une centaine de mètres avant de hoqueter et de s'arrêter. Forry marcha jusqu'à la station la plus proche et en revint avec un jerrycan plein. Il ne savait trop pourquoi, mais il empruntait toujours leur voiture quand le réservoir était vide.

De retour chez lui, il trouva Alys Marrie, installée sur le canapé dans la pièce de devant.

Une odeur de vomi flottait dans la maison. Lorenzo avait encore réussi son coup.

— Hello ! Alys, dit-il, sentant son cœur dégringoler comme un ascenseur en chute libre. Quel bon vent vous amène ? Et comment êtes-vous entrée ?

— Vous m'avez donné une clef il y a bien longtemps, vous en souvenez-vous ? dit-elle.

— Et je vous avais demandé de me la rendre, et vous me l'aviez rendue, dit-il.

— J'ai donc fait faire deux doubles dans l'intervalle... Ça ne vous fait pas plaisir de me voir, Forry ? Il fut un temps...

— Excusez-moi, mais j'ai une affaire urgente à régler.

Il s'approcha de l'escalier et leva les yeux : elle était là, la mare nauséabonde, qui s'étalait à mi-chemin du papier. Et Hulia n'avait même pas jugé bon de nettoyer !

Il était repassé chez lui au lieu d'aller directement chez Wendy parce qu'il avait des affaires de courrier qui ne pouvait attendre pour être réglées. Mais Alys Merries venant s'ajouter aux dégobillis de Lorenzo, c'en était trop.

Alys Merrie avait une opinion différente. C'était une blonde à la silhouette agréable, de taille moyenne, âgée d'une quarantaine d'années. Elle avait été mariée mais, l'ayant rencontré à une convention mondiale, elle était, selon ses propres termes, « devenue folle du divin Forry ». Celui-ci en avait été longtemps amusé, flatté, mais à présent elle ne représentait plus pour lui qu'une source d'embêtements : il était agréable de se sentir adulé, mais à la longue elle était devenue collante. Et il n'était pas amoureux d'elle.

— Les Dummock ont bien trop à faire pour s'occuper de ce dégueulis, dit-elle. Je suis montée voir ce qui se passait là-haut pour produire un raffut pareil. Le croirez-vous ? Cet imbécile de Lorenzo, assis sur une chaise, se faisait tailler une pipe par Hulia ! Pas de quoi fouetter un chat là-dedans, me direz-vous, si ce n'est qu'il prenait des notes en la regardant faire ! Je me demande s'il n'écrit pas avec sa queue !

— Pourquoi ne remontez-vous pas vérifier ? dit Forry. Maintenant, il faut que je parte, Alys. J'ai passé une nuit blanche, on m'a bousillé ma voiture, je suis épuisé, préoccupé, et... bref, j'ai mon compte.

— Oui, je sais déjà tout ça.

Il la regarda avec effarement :

— Vous savez... ? Mais qui a bien pu vous le dire ?

— Je baigne là-dedans depuis le commencement.

Elle prit une cigarette dans son sac, l'alluma, et le fixa tranquillement. Elle savait qu'il ne permettait pas qu'on fume dans sa maison — excepté dans la chambre à l'étage — mais elle le narguait à dessein. Il décida de ne pas relever l'offense.

— Vous baignez *dans quoi* depuis le commencement ? demanda-t-il.

Malgré sa lassitude, il sentait son intérêt s'éveiller.

— Toute l'affaire. Ça a commencé il y a tant d'années que vous ne le croiriez pas. Ou alors ça vous effraierait. Ça vous effraiera de toute façon, parce que vous le croirez avant que j'aie fini.

Il s'assit sur la chaise au milieu de la pièce et dit :

— Combien d'années ?

— Quelque chose comme dix mille années terriennes, dit-elle.

Il demeura un instant sans voix. Alys Merrie était une joyeuse farceuse quand elle n'était pas folle de lui ou en train de faire l'amour. Elle savait la place que tenait dans sa vie la science-fiction — il se voyait parfois comme un Léviathan de la grande mer de la S.F., ou une sorte de Hollandais Volant des routes de l'espace — et elle prenait parfois un malin plaisir à le mettre en boîte. Mais ça ne semblait pas être le cas en ce moment. Pourtant, elle ne pouvait pas parler sérieusement.

— Regardez autour de vous, reprit-elle. Regardez ces peintures, ces photos. Des planètes étranges, des formes de vie inconnues, des Martiens au torse immense, avec des trompes d'éléphant. Des hommes ailés, des machines capables d'émotion, des insectes géants, des humanoïdes. Vous avez lu des livres sur des êtres et des mondes étranges, et vous avez élevé un monument au fantastique et à la science-fiction — et incidemment à vous-même. Cette pièce résonne une vie d'amour et de labeur. Vous devez croire à cet « autre-monde » que vous vous êtes créé. Sinon, vous ne vous seriez pas donné tant de peine pour en réunir les artefacts.

Il y avait quelque chose de changé chez Alys Merrie : jamais encore elle n'avait parlé de la sorte. Forry la croyait jusqu'ici incapable d'un tel sérieux, d'une telle véhémence.

— Dix mille ans, reprit-elle. Me croirez-vous si je vous dis que j'ai dix mille ans ? Non ! Et douze mille ?

— Douze mille ? répéta-t-il. Voyons, Alys, ne soyez pas ridicule. Dix mille, passe encore, mais douze mille !

— J'ai l'air d'avoir la quarantaine bien tassée, n'est-ce pas ? dit-elle. Et ça, Forry, qu'en dites-vous ?

Forry croyait assister à un de ces films qui retracent la carrière d'une héroïne du berceau à la mort — mais le film se déroulait à l'envers. Au lieu d'une éclatante jeune beauté se couvrant peu à peu de rides pour devenir une repoussante vieille femme, il avait devant lui une femme mûre qui se métamorphosait peu à peu en une fraîche jeune fille.

Il aurait voulu que son cœur puisse battre plus vite, pour ne pas trembler à ce point. C'était donc vrai. Tout ce qu'il avait lu, tout ce qu'il avait rêvé, tout était vrai ! Enfin, peut-être pas tout. Mais il y avait au moins quelque chose de vrai.

— Qui êtes-vous ? Ou *êtes-vous* ? demanda-t-il.

Les contours de la pièce tremblotaient légèrement, et les gravures de Paul, Finlay, St. John, Bok et toute l'illustre équipe semblaient avoir acquis une troisième dimension.

— Ça vous plaît ? demanda Alys.

— Bien sûr, dit Forry. Mais vous n'avez pas répondu à ma question.

— Eh bien je suis, euh... disons une Toc, répondit-elle. Nous sommes les ennemis des Ogs. Vous avez fait leur connaissance la nuit dernière : Fred Pao, Diana Rumbow, Panchita Pocyotl. Et Woolston Heepish.

Chapitre XIII

— Heepish ! (Forry avait failli hausser le ton.) Vous voulez dire que Heepish n'est pas humain ?

— Nous ne sommes pas seulement non-humains, dit-elle. Nous sommes extra-terrestres. Extra-système solaire. Mieux, extra-galactiques. Les Tocs viennent de la quatrième planète d'une étoile de la galaxie d'Andromède.

J'ai toujours eu de la chance, se disait Forry. Mon plus cher désir a toujours été de travailler dans la science-fiction, et je suis arrivé à en vivre. Je voulais être le plus grand collectionneur de fantastique et S.F. du monde, et c'est venu aussi naturellement que la coquille autour d'un escargot. Je cherche un boulot, un éditeur se prépare à lancer une collection de magazines pour enfants consacrés aux films d'horreur — qui y a-t-il de plus capable ou de plus enthousiaste pour se charger de l'affaire ? J'ai connu les Grands de ce domaine, j'ai été leur ami, j'ai vu les premiers hommes débarquer sur la Lune, et j'espère voir avant ma mort les premiers hommes sur Mars. J'ai eu de la chance.

Mais ça ! Des êtres venus de l'espace s'adressant à moi pour prendre contact avec la Terre !

Ce n'était évidemment pas tout à fait exact. Si ce qu'elle avait dit était vrai, les extragalactiques côtoyaient les hommes depuis plus de dix mille ans. Mais avaient-ils déjà dévoilé leur nature à un homme de la Terre ? C'était le point qui importait.

— Vous vous énervez trop, Forry, dit-elle. Je sais qu'il y a un millier de questions qui s'agitent dans votre crâne. Mais vous aurez une idée plus rapide et plus nette des choses si vous consentez à m'écouter calmement. D'accord ? Bien. Installez-vous confortablement et ouvrez vos oreilles toutes grandes.

Il y avait donc une planète ayant la configuration et la dimension de la terre qui tournait autour d'un soleil du type Sol aux confins de la galaxie d'Andromède, à 800 000 années de lumière. Le ciel n'était qu'un flamboiement de gaz luminescents où brillaient des étoiles géantes. La planète des Tocs n'avait pas de Lune, et donc pas de marées.

La cinquième planète du système avait deux petites Lunes, mais pas de mers susceptibles de donner naissance à des marées. C'était le monde des Ogs, race maléfique.

Mince, alors ! lâcha mentalement Forry. (Ceci suffisait à donner la mesure de son excitation : il s'interdisait généralement d'utiliser, fût-ce en pensée, le plus atténué des jurons.)

— Mince, alors ! Comme dans Gernsback ! Ou Campbell première manière !

Les Tocs et les Ogs n'étaient pas des êtres humains. C'étaient des créatures composites qui passaient de l'état de pure énergie à celui de matière. Dans le premier état, ils formaient des configurations d'énergie latente, et des configurations matérielles dans l'autre. Leur forme dépendait de ce qu'ils voulaient imiter — ou créer. Mais il y avait des limites à leurs métamorphoses : le corps le plus petit qu'ils pouvaient assumer était à peu près de la taille d'un gros renard, ou, dans l'air, d'une grosse chauve-souris. Quand ils prenaient l'aspect d'animaux plus petits, l'énergie en excédent les accompagnait sous une forme invisible, comme une sorte de traînée d'échappement. On pouvait aussi parler d'énergie enfermée dans une valise invisible et intangible.

— Quelle est votre véritable forme ? demanda Forry.

— Vous étiez censé écouter en silence, dit Alys en faisant étinceler une rangée de dents blanches.

Elle était si belle, si jeune, que Forry sentit une bouffée de désir l'envahir. Ou peut-être était-ce la nostalgie de sa propre jeunesse envolée ?

— Nous n'avons pas de « véritable forme », à moins que vous n'entendiez par là celle que nous utilisons le plus fréquemment. L'usage prolongé d'une forme déterminée entraîne un « durcissement » de cette forme. Il devient de plus en plus difficile d'en changer à mesure que le temps s'écoule. Et il faut davantage d'énergie pour la conserver à l'état non-humain. Comme la plupart d'entre nous ont revêtu depuis bien longtemps une forme humaine, vous pouvez dire que c'est notre véritable forme.

Les Ogs et les Tocs s'étaient rencontrés avec la découverte du voyage dans l'espace. Ils n'utilisaient pas de fusées ou de véhicules antigravitationnels. Ils se déplaçaient d'un point de l'espace à un autre par un procédé très particulier. Particulier d'un point de vue humain, évidemment.

Il s'agissait d'un métal synthétique, qui avait reçu la forme d'une grande coupe, ou d'un grand calice. Cette configuration était nécessaire parce que c'était la seule apte à recueillir, ou focaliser, l'énergie mentale d'un *Animateur.* Peut-être ce terme Toc était-il plus exactement traduit par « Capitaine ». Le Capitaine était la seule personne capable d'activer le procédé qui permettait aux Tocs de se téléporter d'un point de l'espace à un autre.

— Et pourquoi le Capitaine est-il seul capable d'activer le procédé — ce calice ? dit Forry.

— C'est en ceci que réside la limitation du procédé — appelons-le Graal, dit Alys. Il y a une certaine ressemblance superficielle avec le Graal de vos légendes médiévales, bien que la surface intérieure relève d'une géométrie qui paraîtrait incompréhensible, voire terrifiante à des yeux humains.

Le Graal est matériel, mais n'est activé que

par un certain type de radiations énergétiques. Vous parleriez peut-être d'ondes mentales, mais c'est beaucoup plus que cela. Quoi qu'il en soit, pour servir de vaisseau spatial, ou de téléporteur, le Graal, doit être mis en œuvre par un Animateur, ou Capitaine. Or, il ne se trouvait qu'une centaine de Capitaines sur un million de naissances.

— Naissances? dit Forry en levant des sourcils interrogateurs. Comment peut-on parler de naissance à propos d'une configuration énergétique?

Elle fit un geste impatient de la main et dit :

— Je parle uniquement par analogie. S'il fallait que j'entre dans chaque détail, nous serions encore ici dans vingt ans. Ecoutez et taisez-vous.

Les Ogs avaient mis au point leurs Graals et trouvé leurs Capitaines à peu près en même temps que les Tocs. Des relations s'établirent très vite entre les deux planètes, et une guerre ne tarda pas à éclater. Les Ogs, qui étaient des créatures fondamentalement malfaisantes, voulurent réduire les Tocs en esclavage.

Forry réserva mentalement son opinion sur ce point. Il attendrait d'avoir entendu la version des Ogs pour juger.

Les Tocs avaient tenu les Ogs en échec, au prix de lourdes pertes dans chaque camp. Finalement, la paix avait été conclue. Les Tocs et les Ogs s'étaient alors intéressés à d'autres mondes. Comme la distance ne comptait pas pour le Graal — cent mille années de lumière étant parcourues aussi rapidement qu'un kilomètre, c'est-à-dire instantanément — l'Univers était ouvert aux deux races.

Mais, vu les billions de billions de planètes habitables dispersées dans l'univers et le nombre restreint des Capitaines, seul un petit nombre de mondes pouvait être exploré. La Terre fut l'un d'eux, et près d'un millier de Tocs y débarquèrent. Les Ogs y envoyèrent une expédition presque aussitôt après, et comme le traité de paix ne s'appliquait pas aux planètes extérieures à leur système, les Ogs n'eurent aucun scrupule à attaquer les Tocs.

Les Ogs et les Tocs se livrèrent une guerre désastreuse pour les deux camps, qui se solda par la disparition des Graals et des Capitaines. Ils étaient donc voués à demeurer sur la Terre.

— Nous avons vécu *parmi* les humains, mais non pas à leur dépens, dit Alys. Notre aptitude à prendre des formes différentes a donné naissance à un grand nombre de superstitions sur l'origine surnaturelle des vampires, des loups-garous, des fées et tout ça. Nous autres, Tocs, sommes à l'origine des bonnes fées, bien qu'il nous soit souvent arrivé de prendre des formes animales ou autres. Mais nous n'étions pas contre les humains, dans la mesure où ils n'enfreignaient pas le code.

Au fil de ces dix mille ans, la guerre, les suicides, les attaques des humains firent que sur les deux mille Tocs et Ogs initiaux, il n'en resta plus qu'une centaine pour chaque race. Mais les Tocs ou Ogs tués sous leur forme matérielle ne mouraient pas pour autant. Ils redevenaient des configurations énergétiques et pouvaient reprendre une forme matérielle. Seulement ce processus était très long sur la Terre, à cause des conditions magnétiques différentes de celles du système mère.

— C'est donc là l'origine des fantômes ? dit Forry.

— Oui. Les humains n'ont pas de fantômes. Quand ils sont morts, c'est à jamais. Mais un Toc ou un Og mort sous sa forme matérielle doit s'attacher à un endroit où il dispose à la fois d'êtres humains et de conditions magnétiques optimales. Il doit, dirons-nous, « se brancher » sur l'énergie d'êtres vivants. Et quand il a acquis suffisamment de forme, au stade que vous autres humains qualifieriez d'ectoplasmique, il a besoin de sang ou de relations sexuelles pour retrouver un corps totalement matériel. Les Tocs baisent, les Ogs tuent.

Elle se tut un instant puis reprit :

— L'une de nous a récemment retrouvé une forme corporelle par le contact avec Harald Childe. Elle s'est littéralement baisée elle-même pour s'incarner. Evidemment, cela s'est fait bien plus vite avec Childe qu'avec une créature purement humaine.

Chapitre XIV

— Merde alors, que voulez-vous dire par là ? s'exclama Forry, qui ne jurait pratiquement jamais.

— Que Childe est le seul Capitaine restant. Mais il ne le sait pas encore.

— Pourquoi ?

— Parce qu'il est de naissance à demi humaine, et qu'il a été élevé par des parents humains. Parce qu'un Capitaine a une structure psychique fragile, et doit être traité avec ménagement jusqu'à sa maturité. Physiquement, Childe est un homme mûr, mais du point de vue de ses pouvoirs psychiques, c'est un bébé.

— Un instant, dit Forry. Je ne veux pas m'écarter du sujet, mais si vos semblables peuvent revenir à la vie matérielle après avoir été tués, pourquoi les Capitaines ne sont-ils pas revenus à la vie ?

— Certains l'ont fait, et ont été tués par un camp ou par un autre parce que leur existence ne pouvait pas être gardée secrète. D'autres n'y sont jamais parvenus parce que les circonstances ne s'y prêtaient pas. Vous comprenez, si nous avions un Capitaine et un Graal, ça signifierait autre chose que la seule possibilité de rentrer chez nous. Nous pourrions aussi rendre la forme corporelle à nos camarades défunts. Au stade du pur complexe d'énergie, le Toc, comme l'Og, est un être assez fruste. Il est doté d'intelligence, mais la principale raison pour laquelle il revient à la matière, c'est qu'il y a quelque chose qui l'y pousse, un instinct. Il erre jusqu'à ce qu'il trouve un endroit qui lui fournisse un cadre propice à sa transformation. Et cette transformation prend généralement un temps assez long.

— Excusez-moi de vous avoir interrompue, dit Forry.

S'il n'avait pas été témoin de sa métamorphose physique, il se serait dit qu'on lui montait le plus énorme canular de l'histoire. Mais il était convaincu. Il se trouvait vraiment en train de parler à une créature extraterrestre. Et une créature à côté de qui les plus délirantes créations de la science-fiction, fût-ce celles de *Weird Tales* auraient paru bien plates.

En un sens, pensait-il, elle me raconte l'histoire des Martiens et des Vénusiens se livrant une impitoyable guerre secrète pour la domination de la Terre. Ah là là ! si seulement je pouvais tourner un bouton et faire participer à ceci tous les fans de la S.F. et la Société des Amis du Comte Dracula !

Puis son exaltation tomba. Si c'était vrai — et il était persuadé qu'Alys disait la vérité — il n'était plus question de science-fiction ou de hochet pour enfants attardés : c'était une guerre sans merci.

— Childe, donc ? reprit Forry.

— Remontons à 1788, dit-elle. A la naissance du dénommé George Gordon qui s'illustrera par la suite sous le nom de Byron, Lord Byron, le fameux et grandissime poète anglais. A cette époque, évidemment, personne, même parmi nous, ne savait que sa renommée s'étendrait au monde entier. Nous n'étions pas davantage en état de prédire s'il deviendrait un Capitaine ou un être humain comme les autres. Ou un Toc.

— J'ai une foule de questions à poser, dit Forry avec un sourire. Mais j'attendrai.

— C'était notre première naissance, dit-elle. Sur la planète Toc, où les conditions sont optimales, les naissances sont très rares. C'est-à-dire que les naissances provenant d'une copulation entre nos phases de configuration énergétique ne se produisent pas très souvent. Mais ceci est contrebalancé par notre taux de mortalité inexistant.

Ici, sur terre, nous n'avions jamais réussi à créer un enfant en configuration énergétique. Puis un Capitaine retrouva sa forme matérielle. Un de nous eut l'idée de mettre à l'abri son potentiel génétique dans l'éventualité de sa mort prochaine, éventualité qui se vérifia bientôt. Il se trouvait qu'à cette époque, le Capitaine était un voisin des Byron, et il devint l'amant de Lady Byron dans le but de la féconder. Nous étions une centaine, la quasi-totalité de notre population, rassemblés autour de sa maison la nuit où elle conçut George. Je crois que c'est le seul exemple — à une exception près — d'une centaine de personnes copulant ensemble pour créer un bébé. Nous avons déversé nos énergies mentales dans Lady Byron, et nous avons réussi. En même temps que se produisait la rencontre du sperme et de l'ovule, un embryon énergétique était créé. Cet embryon était lié, non, confondu avec le corps du nouveau-né Byron. On pourrait dire que c'est le seul exemple à ce jour d'un être humain *effectivement* pourvu d'une âme.

— Excusez-moi, mais comment cet embryon énergétique s'est-il développé ? Est-il devenu une entité séparée ou... ?

— Il se confond avec le système nerveux et s'identifie à l'entité corporelle. Il survit à la mort physique du corps.

Mais cette création d'un bébé énergétique se traduit pour nous par une énorme dépense d'énergie. A ce moment-là, tandis que nous concentrions nos énergies mentales, nous baisions corporellement comme des dingues. Ce fut sans doute la plus grande partouze de l'histoire, si vous me passez l'expression, Forry chéri. Je sais que vous n'aimez pas employer de termes obscènes, et encore moins les entendre.

Malheureusement, si le bébé fit en grandissant la preuve de remarquables talents, on ne vit pas apparaître chez lui les capacités psychiques d'un Capitaine. Cela ne nous aurait d'ailleurs guère avancés, puisque nous n'avions pas de

Graal. Mais nous avions bon espoir de rassembler le métal nécessaire. Ce métal, nous l'avions créé, morceau par morceau, au fil des millénaires. Sur Toc, cela nous aurait pris un an, mais ici, sur une planète où les minéraux sont rares et les matériaux nécessaires à la formation des *potentialisateurs* encore plus rares, il nous a fallu une éternité pour arriver à nos fins. C'est alors que les Ogs ont effectué un raid à la faveur duquel ils ont dérobé tout le métal que nous avions rassemblé.

Ils savaient que Byron était notre Capitaine. Ils l'ont contacté, ont essayé de se ménager ses faveurs sans que nous puissions rien faire pour les en empêcher. Puis ils s'en sont désintéressés quand ils se sont aperçus qu'il n'avait pas les capacités d'un Capitaine.

Nous avons failli céder au découragement. Mais le potentiel génétique de Byron était intact : si le père était incapable d'être un Capitaine, peut-être pourrait-il avoir un enfant qui en serait un.

— Et cet enfant s'appellerait Childe ? releva Forry[1].

Alys hocha la tête :

— Exactement. Nous avons recueilli des échantillons de son sperme par une méthode que je ne développerai pas dans le détail, et nous les avons congelés. Pas dans la glace ou l'hydrogène liquide, mais dans une configuration énergétique. Et nous avons attendu.

1. Voir note page 79.

Nous avons attendu que nos ennemis, les Ogs, aient rassemblés assez de métal pour faire un Graal. Nous avons alors choisi une femme dotée des capacités génétiques adéquates — humainement parlant, bien sûr, mais ce facteur entre aussi en ligne de compte. Un Capitaine ne saurait être un spécimen d'humanité mentalement ou physiquement inférieur. Si nous avons choisi madame Childe, c'est à cause du nom qu'elle portait : nom qui, associé à celui de Byron, prend une certaine résonance. Après tout, nous utilisons des langues humaines, ce qui nous conduit à penser un peu comme les humains. Un peu, pas entièrement.

— Ainsi donc Harald Childe, Childe Harold ?

— Si vous dites H-E-R-A-L-D, oui. Herald, le Héraut. L'Enfant qui se fait le héraut du retour à la vie de nos fantômes énergétiques, de leur rematérialisation. Et de notre retour à la Terre Promise, notre planète natale. Les morts se lèveront, et nous traverserons la rivière de Sion pour gagner la terre de Beulah, si vous me permettez d'emprunter librement à votre livre de prières favori.

— Et alors, Childe et le Graal ? coupa Forry.

Alys Merrie ouvrit la bouche pour répondre mais la referma aussitôt : des coups résonnaient à la porte tandis qu'une voix impatiente s'élevait.

CHAPITRE XV

A midi, la sonnette de l'entrée réveilla Childe. Il gagna en se frottant les yeux la pièce de devant, aperçut au passage Sybil qui dormait encore, et ouvrit la porte. Une rafale de pluie l'accueillit et inonda les trois hommes qui se trouvaient sous la véranda. Il comprit tout de suite — mais trop tard — qu'il aurait dû se montrer plus prudent. Le premier homme entra, tenant un atomiseur à la main. Childe retint sa respiration et se rua vers sa chambre, où il savait trouver son revolver. Son élan fut stoppé net par la voix de l'homme :

— Childe ! Votre femme !

Le deuxième homme était à côté de Sybil, pressant un couteau sur sa gorge. Le troisième, Fred Pao ou son jumeau, brandissait une carabine à air comprimé.

Le premier envoya une giclée de gaz sur Sybil au moment où elle ouvrait la bouche pour dire : « Hein, qu... ? »

Elle retomba, endormie, et Pao dit :

— C'est inoffensif. A vous, maintenant, monsieur Childe.

Il pouvait encore gagner sa chambre. Mais ces hommes étaient fort capables d'égorger Sybil s'ils pensaient avoir quelque chose — ou rien aussi bien — à y gagner. Evidemment, il parviendrait à les abattre tous les trois avec son revolver, mais Sybil ? Et d'un autre côté, s'il se rendait, cela ne revenait-il pas à condamner à mort Sybil et lui-même... ?

Il ne *savait* pas. C'était là ce qui le paralysait. Il ne *savait* pas. Mais la scène entre Vivienne et Hindarf laissait supposer qu'on le considérait comme une personnalité très spéciale.

— D'accord, dit-il. Je me rends.

L'homme à l'atomiseur s'approcha et lui envoya une giclée au visage. Il pensa retenir sa respiration, mais ce n'était que retarder l'échéance. Après un dernier coup d'œil à sa montre, il inspira le gaz.

Trente minutes s'étaient écoulées quand il se réveilla. Il reposait sur un matelas confortable, les yeux levés vers un ciel de lit. Il tourna la tête et vit Sybil étendue à son côté. Elle était encore inconsciente. Il se leva avec quelque effort, éprouvant un léger mal de tête. Ses dents semblaient avoir pris une place disproportionnée au milieu de gencives de bois et sa langue aussi lui parut dure comme du bois.

Leur prison se composait d'une chambre et d'une salle de bains. Il n'y avait qu'une porte d'entrée.

Sybil s'éveillait. Elle demeura quelques instants allongée, puis se leva. Elle le rejoignit, il passa un bras autour de son épaule et dit :

— Je suis désolé pour tout. Si je ne t'avais pas gardée avec moi, tu ne serais pas mêlée à ce gâchis.

— C'était inévitable, dit-elle. Crois-tu qu'on s'en sortira un jour ? J'aurais bien voulu savoir ce que voulaient ces types-là.

— On le saura tôt ou tard, dit-il.

Il la lâcha et alla explorer la pièce. Il y avait un grand miroir au-dessus de la commode, et un autre qui occupait toute la hauteur du mur sur la cloison opposée. Sans doute des miroirs truqués.

Une heure passa. Sybil avait renoncé à parler et s'était mise à lire un roman policier qu'elle avait trouvé sur les rayonnages. Il poursuivit ses investigations pour évaluer leurs chances d'évasion. La porte, en acier plein, était solidement ancrée dans le mur. Elle s'ouvrait vers l'extérieur.

Au bout d'une heure et demie, elle s'ouvrit. Pao et deux inconnus pénétrèrent dans la pièce. Mais l'un d'eux arracha un cri à Sybil :

— Plugger !

Plugger était grand, bien bâti, la peau mate. Il avait des mains longues et fines, avec de longs doigts effilés couverts de petites protubérances, — détail que Sybil avait omis de rapporter.

— Nos ennemis — vos ennemis — se préparaient à passer à l'action, dit Pao. C'est pourquoi nous avons dû vous enlever. Je suis désolé — nous sommes tous désolés — mais c'était nécessaire. Sinon, vous seriez tombé aux mains des Tocs.

— Des Tocs ? fit Childe.

— Tout vous sera expliqué, dit Pao. Vous comprendrez très vite. En attendant, nous avons besoin de votre concours.

— Et Sybil ?

— Elle devra demeurer ici. Mais il ne lui sera fait aucun mal.

Childe embrassa Sybil et dit :

— Je reviendrai. Je ne pense pas qu'ils nous veuillent du mal. Pas pour le moment, en tout cas.

Il observa Plugger qui refermait la porte. Il y avait un bouton au milieu. En le pressant, on actionnait un mécanisme de déverrouillage. Childe tendit le bras et appuya sur le bouton. La porte s'ouvrit aussitôt.

Pao dit : « Que faites-vous ? » et appuya sur le bouton pour refermer la porte.

— Je voulais juste voir comment ça fonctionnait, dit Childe.

Ils s'engagèrent dans un vaste vestibule moqueté et somptueusement aménagé. Childe s'arrêta au bout de quelques pas. Il ne s'était pas trompé. Le miroir était truqué : il apercevait Sybil, toujours plantée au milieu de la pièce, les mains sur les hanches.

Il décida d'éprouver son pouvoir.

— J'aimerais être débarrassé de ce dispositif, dit-il. Je n'aime pas qu'on m'espionne.

Après un instant d'hésitation, Pao dit :

— Très bien.

Il appuya sur un bouton et le miroir s'obscurcit.

— L'autre aussi, dit Childe.

— Ce sera fait, dit Pao. Venez, maintenant.

Childe lui emboîta le pas, tandis que les deux autres hommes fermaient la marche. Au bout du vestibule, ils tournèrent à droite pour s'engager dans une pièce aux dimensions de cathédrale : on aurait dit le salon d'un milliardaire vu par un décorateur de cinéma. Tout au fond trônait un splendide piano de concert, et des meubles de prix — du Louis XV authentique peut-être — garnissaient la pièce. Mais ce qui attirait particulièrement l'attention c'était le cube de verre ou de métal transparent installé au centre de la pièce. A l'intérieur, une table d'acajou aux pieds finement chantournés supportait une coupe de métal argenté. Ou plutôt une moitié de coupe : un côté paraissait entier, mais l'autre manquait, comme si la coupe avait été découpée à la cisaille.

Pao conduisit Childe vers le cube transparent et fit signe à un des hommes d'apporter une chaise. Childe parcourut la pièce du regard. Il y avait six issues, dont certaines assez larges pour livrer passage à trois hommes de front. Il y avait aussi une cinquantaine d'hommes et de femmes dans la pièce, dont le nombre l'aurait empêché d'accéder aux issues. Tout le monde était en tenue de soirée — habits et robes longues. Pao et les deux hommes qui l'accompagnaient étaient les seuls à porter des vêtements de ville. Childe reconnut parmi les assistants Panchita

Pocyotl et Vivienne Mabcrough. Vivienne portait un fourreau écarlate agrémenté d'un décolleté en V qui plongeait presque jusqu'au nombril. Sa peau pâle et sa chevelure auburn formaient un violent contraste avec la robe flamboyante. Elle agitait un grand éventail en plumes d'autruche. Elle sourit en croisant son regard.

A son entrée, les conversations allaient bon train dans l'assistance, mais un certain silence s'établit quand il s'approcha du cube. Puis Pao leva la main, et le bruit des voix cessa. Un homme apporta une chaise à trois pieds — un lourd objet sculpté qui portait un symbole gravé sur le dossier : un triangle dont l'un des sommets s'enfonçait dans la bouche d'un Poisson Rampant.

— Asseyez-vous, s'il vous plaît, dit Pao.

Childe prit place sur le siège et se laissa aller contre le dossier. Il sentait le haut-relief du motif sculpté s'enfoncer dans sa chair. En même temps, la coupe parut prendre vie : l'argent terne s'anima de reflets changeants, et le métal acquit progressivement un éclat qui devint presque insoutenable.

Un murmure, où Childe crut discerner une nuance de crainte respectueuse, courut dans l'assistance.

Pao sourit et dit :

— Nous vous serions reconnaissants de vous concentrer sur la coupe, Harald Childe.

— Me concentrer comment ? dit Childe.

— Contentez-vous de la regarder. Regardezlà intensément. Laissez votre esprit s'en imprégner. Vous comprendrez bientôt pourquoi.

Childe haussa les épaules. Pourquoi pas ? Le cérémonial d'abord, la coupe ensuite, avaient éveillé sa curiosité, et leurs intentions ne semblaient pas mauvaises : rien de comparable cette fois avec la manière dont il avait été traité durant sa captivité chez Igescu.

Il fixa attentivement l'objet brillant. Le pied portait des motifs en relief aux contours mal définis, qui se précisèrent au bout d'un instant sous son regard. Des hommes et des femmes, nus, se livraient à une orgie sexuelle avec des animaux, au milieu de coupes semblables à celle qu'il contemplait, à ceci près qu'elles paraissaient complètes. Il y avait aussi une curieuse scène où l'on voyait une femme miniature à moitié engagée dans une grande coupe, tandis qu'une créature qui ressemblait au Loup-Garou de Londres joué par Henry Hull lui enfilait une longue pine dans le cul. Un peu plus loin, un homme émergeait pareillement d'une coupe semblable. On ne voyait que la partie supérieure du corps, et le bout d'une queue dressée autour de laquelle s'enroulait le tentacule d'une sorte de pieuvre pourvue d'organes humains hermaphrodites. Tout en branlant l'homme dans la coupe, elle se baisait elle-même.

Childe ne comprenait pas très bien, mais il lui parut que cela avait un rapport avec la fécondité. Pas la fécondité au sens d'engendrer des enfants, mais de...

Il était sur le point de comprendre la signification des figures et du jeu auquel elles se livraient quand elles s'effacèrent.

Autour de la fine jambe de la coupe s'enroulait une forme de serpent taillée dans la masse du métal argenté. Vers le haut, la tête s'aplatissait pour épouser le contour de la coupe. Les deux yeux, exorbités, formaient deux points sombres sur le brillant du métal.

L'éclat de l'objet s'accrut encore. Le murmure des voix se fit imperceptible. On n'entendait plus que la respiration des occupants et le bruit de la pluie sur le toit, avec en fond lointain les cataractes d'eau qui se déversaient dans la rue.

Puis Childe perçut un sifflement — un son qu'il aurait identifié entre mille : il n'avait pas besoin de tourner la tête pour être édifié. La créature se trouvait entre les jambes de Vivienne. La petite bouche barbue était ouverte et la langue tirée vibrait sur un rythme précipité.

La lumière émise par la coupe s'intensifia. Mais curieusement, Childe n'en était pas aveuglé. Il se sentait plutôt envahi par la blancheur rayonnée : l'intérieur de son crâne était blanc ; son cerveau était un joyau étincelant.

Il y eut un grand soupir dans l'assistance et les lumières s'éteignirent. La pièce se trouvait plongée dans d'éprouvantes ténèbres. Childe se sentit d'un coup totalement perdu, comme s'il venait de perdre un être intensément chéri. Sa vie était désormais dépourvue de sens, ne valait plus d'être vécue.

Il pleura à chaudes larmes.

Chapitre XVI

Quand ses inexplicables pleurs se furent enfin taris, Childe releva la tête. Les gens ne parlaient pas, mais ils faisaient du bruit en se déplaçant. Certains d'entre eux, munis de grands plateaux d'argent, proposaient à l'assistance de petites coupes emplies d'un mystérieux breuvage que les gens avalaient d'un trait.

Pao surgit derrière Childe et lui présenta sur un plateau similaire une coupe contenant un liquide foncé et quelques sandwichs de gros pain noir.

— Buvez et mangez, dit-il.

— Et si je refuse ?

Pao eut l'air surpris, mais il se contenta de hausser les épaules en précisant :

— Nous ne pouvons vous y obliger. Mais je vous jure sur ma planète mère que cela ne peut aucunement vous nuire.

Childe reporta son attention sur la coupe. Elle n'était pas tout à fait aussi terne qu'à l'instant précédent. Quand il la regardait, elle scintillait. Quand il détournait le regard, sans toutefois la perdre complètement de vue, elle perdait à nouveau de son éclat.

— Quand comprendrai-je la signification de tout ceci ? dit-il.

— Peut-être pendant la cérémonie. Il vaut mieux que vous vous... souveniez.

— Que je me souvienne ?

Mais Pao s'en tint là de ses explications. Childe flaira le breuvage : ça sentait le vin, mais il y avait une sorte d'arrière-odeur (Childe n'était pas très sûr du mot, mais il n'en trouvait pas de plus adéquat) à travers laquelle perçait l'image d'un espace infini clouté de vagues étoiles, auquel succédait la représentation d'un ciel nocturne traversé de nappes de feu blanc d'où émergeaient des étoiles géantes — bleues, jaunes, grenat, émeraude, pourpres. Il y avait aussi un décor fugace de rochers rouges, avec des constructions de pierre blanche et rouge en forme de champignon et des arbres qui paraissaient avoir poussé à l'envers : leurs branches prenaient appui sur le sol tandis que leurs racines s'enfonçaient dans l'atmosphère. A l'horizon, une étroite bande où couraient des stries écarlates, vert pâle et blanches, disposées un peu comme un anneau de Saturne, zébrait le ciel.

Il vida d'un trait la petite coupe et, se sentant pris d'une soudaine fringale, s'attaqua aux sandwiches. La viande avait un goût de bœuf au roquefort.

Quand tout le monde eut goûté à l'étrange breuvage, l'assistance se figea, comme dans l'attente d'un événement. Pao leva alors les bras et, d'une voix forte, annonça :

— L'Enfant doit avoir le Pouvoir !

Drôle de manière de s'exprimer, pensa Childe. Pourquoi l'*Enfant ?*

La foule reprit en chœur :

— L'Enfant doit avoir le Pouvoir !

Pao dit :

— Il n'y a qu'une manière pour l'Enfant d'obtenir le Pouvoir !

Les gens reprirent en écho :

— Il n'y a qu'une manière pour l'Enfant d'obtenir le Pouvoir !

— Et croître !

— Et croître !

— Et devenir un homme !

— Et devenir un homme !

— Et devenir notre Capitaine !

— Et devenir notre Capitaine !

— Et nous faire retrouver le chemin de notre terre perdue !

— Et nous faire retrouver le chemin de notre terre perdue !

— Et nous donner la victoire sur nos ennemis les Tocs !

— Et nous donner la victoire sur nos ennemis les Tocs !

— Dans le néant du zéro absolu, il sera notre Guide !

Suivirent d'autres phrases auxquelles Childe ne trouva aucun sens, à l'exception de la référence aux Tocs.

Le breuvage commençait à produire son

effet : il sentait maintenant l'alcool lui monter à la tête, et la nourriture qu'il avait absorbée l'emplissait de force. Il regarda la coupe, qui brillait maintenant d'un éclat intense, comme si elle avait été taillée dans un bloc de radium.

La litanie de Pao s'acheva. Immédiatement, la foule s'anima. Des rires fusèrent, des voix s'élevèrent. Tout le monde se débarrassait de ses vêtements. La robe de Panchita Pocyotl tomba : la Mexicaine ne portait plus que de longs bas retenus par de larges jarretières écarlates. A peu de distance, Childe aperçut Vivienne, en bas et porte-jarretelles. La créature-serpent ne se montrait pas. La toison auburn était extraordinairement tentante.

Pao, nu, son membre maigre pendant à mi-cuisses, dit :

— Veuillez vous déshabiller, Capitaine.

Childe se leva, pris d'un certain vertige. Il répéta :

— Capitaine ?

— Vous comprendrez bientôt — je l'espère, dit Pao.

Childe se souvint avec un effroi rétrospectif de ce qui lui était arrivé avec la monstrueuse Madame Grasatchow, alors qu'il était prisonnier dans la maison d'Igescu.

Il dit :

— Va-t-on encore profiter de moi ?

— Personne n'y songe, dit Pao. Vivienne a commis une erreur grossière qui lui aurait coûté la vie si nous n'avions autant besoin d'elle. Mais elle a succombé à votre Pouvoir, et ceci peut raisonnablement excuser sa conduite. Néanmoins, elle ne sera pas autorisée à vous toucher ce soir.

Childe jeta un bref regard sur le splendide corps sans voiles de la jeune femme, et sentit aussitôt sa pine se dresser. Le breuvage qu'il avait ingéré semblait s'être concentré au niveau de son nombril, pour de là irradier dans tout son corps. Mais le feu se propageait surtout vers le bas, vers la racine de sa bitte qui, sous la poussée impétueuse d'un épais métal liquide en fusion, se durcissait, se redressait, agitée de tremblements.

Il dit :

— Très bien — et se dépouilla de ses vêtements.

Pao les ramassa et les emporta hors de la pièce. Ne sachant trop que faire de son corps, Childe s'assit. Mais les autres paraissaient au courant du scénario : des couples se formèrent et commencèrent à s'étreindre et se caresser, debout ou allongés sur le sol et les divans. Mais leurs préludes manquaient d'ardeur : on sentait qu'ils attendaient l'entrée en scène de quelqu'un, ou de quelque chose.

Pao revint. Il s'approcha de Childe, lui prit la main et dit :

— Votre grâce, Capitaine.

Il plaça son long membre maigre dans la main tendue de Childe, et le ver inerte prit vie : rouge et gonflé, il jaillit de la paume, comme catapulté. Pao fit un pas en arrière, s'inclina et baisa le creux de la main qui avait tenu son nœud.

— Je vous remercie, Capitaine, dit-il.

Ce fut comme un signal : les couples qui s'étaient formés dans la salle se rangèrent en une double file conformément à un code de préséance qui semblait parfaitement rodé : aucune contestation ne naquit.

Les deux premiers à se présenter furent Panchita Pocyotl et un homme blond, grand, de type scandinave. Le couple prit place entre Childe et la coupe enfermée dans le cube.

L'homme dit :

— Votre grâce, Capitaine.

Il lui prit la main et referma les doigts sur sa pine en demi-érection. Instantanément, le membre se gonfla comme un dirigeable venant de faire le plein de gaz. Childe le sentait, rigide et palpitant, au creux de sa paume ; une goutte de liquide visqueux perla au bout de la petite fente. L'homme se retira et Panchita vint s'agenouiller devant Childe. Elle laissa courir ses lèvres sur la tige et le gland de sa bitte, en se relevant elle plongea ses grands yeux noirs lumineux dans ceux du Capitaine. Puis le couple s'en fut.

Childe les suivit du regard. Ils allèrent droit à un sofa sur lequel ils s'étendirent. Panchita leva les jambes, les passa sur les épaules de l'homme qui s'enfonça dans l'épais buisson noir lustré et entama son mouvement de va-et-vient. Le mouvement de son cul rouge de Suédois se précipita, et ils se trouvèrent bientôt tous deux secoués de spasmes, gémissant. Ayant joui, ils restèrent quelques instants en repos, puis l'homme la prit à nouveau, en levrette.

Excité par ce spectacle, Childe voulut pousser la deuxième femme qui vint lui embrasser la bitte à ne pas s'arrêter en si bon chemin. Mais elle se retira avec un simple « Merci, Capitaine », et s'en fut avec l'Indien trapu au pénis noueux qu'elle avait pris pour partenaire.

Les couples continuaient à défiler, les hommes plaçant leur membre dans sa main, les femmes embrassant ou léchant sa pine. Il y eut toutefois des variantes : quelques hommes s'agenouillèrent pour le sucer brièvement tandis que plusieurs femmes prenaient sa main pour la presser contre leur motte.

Passé un premier mouvement de recul, Childe accepta la chose comme naturelle. Il la reçut comme un tribut qu'on lui payait, et très vite eut l'impression d'avoir fait ça toute sa vie. En même temps les étranges visions de paysages inouïs se précipitaient, se déroulaient en une succession rythmée par les lèvres féminines coulissant sur sa bitte et les membres masculins déposés dans sa paume.

Pendant ce temps, la coupe ne cessait de gagner en éclat. Et à chaque couple qui passait, elle se renforçait d'un ton. L'aveuglante blancheur qu'il sentait monter dans son cerveau ne le cédait en intensité qu'au blanc brûlant qui irriguait sa queue. La sensation était si présente qu'il fut presque déçu quand, abaissant son regard, il ne vit nulle irradiation blanche jaillir du bout de sa pine.

Il nota que Pao n'avait pas de partenaire attitrée : il allait de-ci de-là, et quand il trouvait un con vacant ou une bouche désœuvrée, il l'emplissait, piétinant allègrement les différenciations de sexe. A chaque fois, il déchargeait après quelques va-et-vient, puis retirait son membre baveux mais toujours dressé pour passer au suivant ou à la suivante.

Puis Childe s'aperçut soudain que quelqu'un manquait à l'appel : Plugger. Il avait été un des premiers à défiler devant Childe et lui avait transmis une légère secousse en plaçant sa pine verruqueuse dans sa paume.

Mais ç'avait été tout. Comme si Plugger avait volontairement réduit l'intensité de sa charge bioélectrique. Après quoi, il avait laissé sa partenaire pâmée au terme de deux ou trois vigoureux coups de queue, et s'était éclipsé.

Childe s'attarda un instant sur l'image : Plugger parcourait le hall, se rendait dans la chambre de Sybil. Pour quoi faire, le salaud ? Mais il oublia tous ces fantasmes dès qu'il sentit le contact d'une nouvelle langue féminine sur le bout de sa bitte.

Bien que tout se fut passé très tranquillement, eu égard aux actes effectués, les couples se déchaînaient après lui avoir rendu hommage. Ils parlaient à haute voix, juraient, produisaient des bruits non étouffés en s'embrassant ou se suçant, et toute la pièce résonnait du flouf-flouf tchoc-tchoc des bittes suintantes fourrageant dans des vagins lubrifiés ou des trous du cul humectés. Et tous ces gens grognaient, gémissaient, criaient dans l'attente ou l'obtention de la jouissance. Et l'air était imprégné de l'odeur forte, musquée, des corps en sueur, des liquides lubrificateurs et du foutre en fleur.

Malgré l'interdit dont elle avait été frappée, la fracassante Vivienne ne se tenait pas en dehors de la fête : elle se penchait sur une bitte noire qu'elle suçait, tandis que Pao l'enculait ; la créature-serpent s'était enroulée sous les couilles de Pao et allait et venait dans son anus. La jouissance parut les submerger simultanément, à en juger par leurs tremblements et contorsions. La pine noire débanda pour arriver à un état de demi-érection et échappa à la bouche de Vivienne, qui avalait le foutre. L'outil de Pao sortit du cul de Vivienne, en berne, gouttant encore. La créature-serpent abandonna à regret le cul de Pao, vomissant encore par sa bouche du liquide séminal, s'enroulant et se déroulant dans les dernières contractions de l'orgasme.

A cet instant, Childe s'aperçut qu'il n'y avait plus personne après la femme qui finissait de lui chatouiller le gland de la langue. A l'autre bout de la pièce, Pao, dont la bitte baveuse se redressait encore, paraissait avoir enregistré la situation. Childe le supplia du regard : sa pine gonflée à craquer s'agitait spasmodiquement, en quête d'un réceptacle approprié. Il eut le temps de noter dans un renfoncement de son esprit que la coupe paraissait obéir à un mouvement semblable.

Et au moment où Pao le rejoignait, Childe comprit tout : les variations d'éclat de la coupe étaient liées à la fréquence des oscillations qui animaient sa pine.

Pao lui prit la main et l'éleva. Childe sentit son membre se dresser brutalement, à toucher le nombril. Les pulsations s'amplifièrent et la chaude marée grise qui, naissant dans ses testicules, cherchait à se frayer un chemin vers la sortie, précipita son mouvement.

— Allons-y ! lança-t-il d'un ton féroce.

Pao fit un geste de la main, et Childe comprit que le moment du choix était venu.

Choix cruel : toutes les femmes de l'assistance étaient également tentantes. Toutes se signalaient par une égale splendeur.

Toutefois, Childe n'hésita pas :

— Vivienne !

Pao, surpris, ouvrit la bouche pour protester. Mais il la referma aussitôt et du doigt intima à la jeune femme l'ordre de s'approcher.

Vivienne paraissait aussi tomber des nues. Plaquant quatre doigts entre ses seins, elle dit :

— Moi ?

Pao hocha la tête et réitéra son geste. Toujours encombrée de la créature-serpent qui ballottait entre ses jambes, se cognant à ses genoux, protestant contre le traitement qui lui était infligé, Vivienne arriva devant Childe, se laissa tomber à genoux et dit :

— Pardonnez-moi, mon Capitaine.

Et elle referma sa bouche sur le bout sensible de la bitte. Childe sentit l'extase venir en vagues lentes, irradiant à partir du nombril, tandis que tout son corps se solidifiait.

Dans un souffle, il lança à Pao :

— Extirpez-moi cette chose !

— Quoi ? dit Pao.

— Cette chose qu'elle a dans le con ! Vite !

Pao se baissa et empoigna la créature-serpent qui commençait à s'enrouler autour de la cuisse de Childe, visant apparemment le trou du cul. Pao la saisit derrière la tête et tira d'un coup sec.

Instantanément, Vivienne se disjoignit.

Childe demeura debout, tenant entre ses mains la tête de la jeune femme qui maintenait sa bouche refermée sur son pénis. Les yeux violets le fixaient intensément tandis que les lèvres et la langue s'affairaient, suçant et pompant. Les autres parties du corps, à présent pourvues de leurs jambes, se mirent à courir en tous sens à travers la pièce. Le grand nègre que Vivienne venait de sucer rattrapa le con à la volée et l'empala sur le bout de sa pine en le faisant coulisser avec délices. Les pattes de la créature-con s'agitèrent spasmodiquement, comme vaincues par le plaisir.

Les intermittences d'éclat de la coupe s'accéléraient. Tenant fermement la tête de Vivienne par les oreilles, Childe précipitait son rythme entre les lèvres pulpeuses, râclant le fond de l'arrière-gorge pour revenir en arrière, sortant presque l'épée du fourreau, pour l'enfoncer à nouveau jusqu'à la garde, poils contre muqueuses.

Mouvement de plus en plus rapide. Eclat de plus en plus intense. Jouissance de plus en plus insupportable.

La glace qui se transforme en feu. Un frisson plus violent que les autres faillit lui faire lâcher prise. Mais il se cramponna fermement aux oreilles et, bout du nœud à fond de glotte, poils du cul contre poils du nez, il déchargea interminablement tandis que la coupe brillait comme le noyau d'une étoile.

Pao se rua à quatre pattes sous la tête pour avaler le foutre qui dégoulinait par la gorge sans fond.

Des gens se précipitèrent pour ramasser les miettes du festin, envoyant Pao bouler à l'autre extrémité de la pièce, avant de succomber à leur tour à la pression des nouveaux arrivants. Ceux qui ne pouvaient participer directement passaient leurs doigts sur les lèvres ou les enfonçaient dans la bouche des bienheureux élus. Certains goûtaient, puis frottaient le résidu contre leurs pines ou leurs cons.

Le vivace élan de Childe se calma. La coupe perdit aussitôt tout éclat, jusqu'à se transformer en un objet d'étain.

Il retira de sa bitte la tête désormais inutile et la lança à Pao en disant :

— Maintenant, vous pouvez la rassembler. J'ai eu ma vengeance.

Il s'assit et fixa un œil vitreux sur la coupe. Il se sentait très fatigué.

Les gens s'approchèrent de lui en échangeant des propos où il crut distinguer une sorte de crainte respectueuse. Il ne comprit pas tout de suite, mais quand il entendit une femme dire : « Elle a grandi. Un petit peu, mais elle a grandi ! », il réalisa.

A présent, la coupe était presque entière. Du métal s'était formé.

— Vous êtes vraiment le Capitaine, Childe, dit Pao en tenant dans sa main le membre inerte de Childe. Mais vous n'êtes plus un enfant.

Childe comprit les mots, mais le sens lui demeurait obscur. Dans cette ultime secousse, la lumière avait envahi son esprit, des visions l'avaient traversé : comme si une mémoire héréditaire était venue à sa rescousse. Non, pas héréditaire, génétique plutôt.

Chapitre XVII

Forry Ackerman bondit aux coups qui résonnaient à sa porte. Il ouvrit sans s'assurer de l'identité de son visiteur — impardonnable négligence qui indiquait assez son état.

L'homme qui se tenait devant lui était grand, les cheveux blonds, l'air très correct. Deux acolytes le flanquaient.

L'homme dit :

— Mon nom est Hindarf. Voici Bellow, et Grunder. Nous sommes de vieux amis — de très vieux amis — d'Alys Merrie. Nous voudrions entrer.

— Oui, mais on ne fume pas, dit Forry, revoyant après coup Alys allumer cigarette sur cigarette.

Il les fit entrer et referma la porte. Bellow et Grunder s'assirent sans attendre qu'on les y invite. Hindarf se campa au milieu de la pièce, en maître de maison. Et c'est bien en maître qu'il parla :

— Je suis ici pour mener à bien la fin de notre plan.

— Quel plan ? dit Forry.

Il promena un regard désemparé sur son univers familier : toute sa vie avait toujours tourné autour de cette pièce. On y trouvait rassemblées des illustrations du cosmos dues à des hommes qui, de leur vie n'avaient jamais quitté leur planète Terre. Meilleurs souvenirs de Mars. Ça pouvait paraître étrange, mais c'était sa vie, son univers.

Et voici que cet univers basculait. La brutale irruption d'une réalité véritablement *étrangère* rendait dérisoire — *étranger* — le décor familier.

— Vous devez vous demander pourquoi nous vous avons choisi, dit Hindarf. Pourquoi aller carillonner aux oreilles d'un Terrien pour régler notre différend avec les Ogs ? Pourquoi devons-nous recourir à vous pour retrouver notre Capitaine ?

Forry baissa la tête et considéra ses interlocuteurs par-dessous ses sourcils levés. D'une voix délibérément traînante, il répondit :

— Oui. Je me suis effectivement posé la question. Il y a beaucoup de pelés, mais peu de tondus, comme on a dit au Royaume des Cieux.

Hindarf ne fit pas l'effort d'un sourire, mais ne parut pas autrement déconcerté. Il dit :

— Il y a des Terriens qui possèdent ce que nous appelons *résonance*. Le hasard de la génétique les a dotés à leur naissance d'une affinité psychique, ou d'une structure psychophysique qui engendre ce que, faute d'un meilleur terme, nous appelons un *bruit blanc*. Par l'intermédiaire de cette vibration, le Terrien entre en sympathie — en empathie — immédiate avec les Tocs, tandis que le fonctionnement mental des Ogs se trouve perturbé. Autrement dit, nous, les Tocs sentons la présence d'un Og un peu comme un lion repère la présence d'une antilope à l'odeur que lui apporte le vent. Mais si un Terrien générateur de bruit blanc se trouve à proximité, les Ogs ne peuvent plus nous situer.

Forry joignit les doigts avec componction et dit gravement :

— Je n'ai jamais été homme à diviser l'humanité en blancs et noirs. Pour moi, le gris prédomine.

— Vous trouvez que les nazis avaient leur bon côté ? objecta Hindarf.

— Mon dieu, s'il n'y avait pas eu les V 2, l'homme n'aurait peut-être pas encore foulé le sol lunaire.

Alys Merrie pouffa :

— C'est ça, chéri, lèche-moi le cul et dis : « Merci, Adolf ! »

— Woolston Heepish est un Og, plaida Hindarf. Non content de vous singer de manière éhontée, il vous a volé votre bien. Est-il gris ou noir ?

— Plus noir que le diable ! lâcha Forry, indigné. Tenez pas plus tard qu'hier soir... !

Hindarf agita la main d'un geste impatient et dit :

— Je sais. Mais la question qui se pose est la suivante : êtes-vous disposé à nous aider ? Je ne vous le cache pas, l'entreprise n'est pas sans danger. Mais vous courrez finalement moins de risques avec nous. Nous avons décidé d'arracher Childe aux griffes des Ogs. Tout laisse supposer qu'ils essaient de rebâtir un Graal avec son concours. Le malheureux n'a certainement pas conscience de la portée de son acte, mais le fait est là : il en passe par leurs volontés.

— Et vous ne pouvez pas trouver quelqu'un d'autre pour vous aider ? biaisa encore Forry.

Des rêves d'enfance lui revenaient à l'esprit : Martiens et Vénusiens se livraient une sourde lutte dont l'enjeu était la maîtrise de la Terre, et lui, Forry Ackerman, était appelé à arbitrer le débat. La plupart du temps, il prenait parti pour les Martiens. Les Vénusiens avaient un côté visqueux, gluant, reptilien qui lui inspirait une invincible répugnance. D'ailleurs, c'était tout à fait ça, en y repensant : après une semaine de déluge ininterrompu, Los Angeles semblait avoir été transporté sur la planète Vénus telle qu'on la découvrait dans les *Science Wonder Stories* et *Astounding* de la bonne époque.

— Impossible, trancha Hindarf. Vous êtes le seul capable de produire un niveau de bruit blanc suffisant.

— Ma question vous paraîtra peut-être en dehors du sujet, dit Forry, mais selon vous pourquoi Heepish s'obstine-t-il à me dévaliser ?

— Parce que c'est un gredin avide et sans scrupules, mais qui ne voit pas plus loin que le bout de son nez. Il aurait très bien pu attendre son retour sur la planète des Ogs pour faire main basse sur la totalité de votre collection, mais il n'a pas su résister à la tentation de quelques menus larcins.

— Quoi ? glapit Forry. La *totalité* de ma collection ?

— Eh oui, dit Alys Merrie en lui soufflant au visage la fumée de sa cigarette. C'est bien ce qu'il projette. Votre maison et ses dépendances se trouveront vidées des trésors que vous avez si patiemment amassés en moins de temps qu'il n'en faut pour le dire, et mis à l'abri derrière la maison qui sert actuellement de Q.G. aux Ogs. Mais pour ce déménagement, Heepish a absolument besoin d'un Capitaine. Lequel Capitaine lui permettra ensuite de réintégrer sa planète avec votre collection. Et tout cela ira dans les musées des Ogs.

— Vous pourrez même venir sur notre planète, si vous le désirez, renchérit Hindarf. Et vous pouvez aussi mettre la main sur la collection de Heepish. De toute façon, elle ne lui servira pas à grand-chose, une fois mort.

— Mort ?

Hindarf hocha la tête :

— Evidemment. Tous les Ogs doivent périr.

Forry n'adhérait pas totalement à cette logique du génocide, même si elle lui procurait l'occasion de se voir débarrassé d'un individu qui, indubitablement, méritait cent fois la mort. Mais comment résister à l'appel d'une planète lointaine — une planète d'une autre galaxie ! Lui, choisi parmi tous les hommes, pour avoir la primeur d'un monde étranger ! Enfant, il avait rêvé d'être le premier homme sur la Lune, puis le premier homme sur Mars, mais l'âge venant, il s'était résigné à faire son deuil de ces chimères. La Lune, pourtant si proche, était encore hors de portée de sa bourse.

Et voilà qu'on lui proposait un aller-retour gratuit pour un monde infiniment plus dépaysant que Mars ou la Lune ! Ah, voir, ne serait-ce qu'une fois, briller la lumière d'un autre Soleil !

— Et je pourrai fixer la date de mon retour ? s'enquit-il. A la longue, Los Angeles pourrait finir par me manquer. Après tout, j'y ai ma collection, et tous mes merveilleux amis.

— Aucun problème de ce côté, dit Hindarf.

— Ah, il faut aussi que je vous dise, les trop grands efforts me sont interdits. Le cœur, vous savez...

— Grâce à Alys, nous n'ignorons rien de votre cœur, dit Hindarf.

— Rien ?

— Je faisais uniquement allusion aux aspects cliniques, répartit Hindarf avec un sourire ambigu.

— Dans ce cas, très bien, dit Forry. Je suis votre homme. Mais uniquement en tant que générateur de bruit blanc. N'espérez pas vous servir de moi pour régler vos comptes.

Les trois hommes et Alys sourirent.

Forry répondit à leurs sourires, en se demandant s'il n'était pas en train de conclure un pacte avec le diable : manifestement, les Ogs étaient des êtres nuisibles. Mais les Tocs n'avaient peut-être pas les mains aussi blanches qu'ils voulaient bien le dire. Le combat semblait des plus douteux.

CHAPITRE XVIII

Childe s'éveilla le crâne vide, avec un vague sentiment de honte niché dans un recoin de son esprit.

Il considéra Sybil allongée à son côté, puis fixa longuement le plafond. Il lui était arrivé quelque chose pendant la nuit. La nuit — quelle nuit ? Il n'avait aucun moyen de le savoir, sa montre n'étant plus à son poignet.

Comme une poupée mécanique remontée par un ressort, il revécut le fil des événements : il avait tout traversé, toute cette cérémonie, sans un faux pas, sans une fausse note, sans qu'on lui dise à aucun moment ce qu'il avait à faire.

Quand la coupe s'était animée sous son regard, il avait joui. Joui d'une jouissance bien supérieure à celle qui prenait sa source dans l'orgasme. Il était difficile de démêler le sexuel du photonique, mais il avait le sentiment que la coupe avait joué un rôle primordial dans l'affaire.

Et cette incroyable scène finale, où il se

revoyait éjaculant dans la tête sans corps de Vivienne, n'avait sur le moment, rien eu, que de très normal, naturel même. Alors que maintenant, dans la lumière du matin, l'impression de dégoût submergeait tout. Comment avait-il pu, lui, Harald Childe, se conduire de la sorte ?

Mais le plus terrifiant était que, confronté à nouveau à la coupe, sa réaction serait, il le savait, exactement la même — ou pire. Il ne se faisait pas d'illusion là-dessus.

Les créatures avec lesquelles il avait accepté de collaborer étaient maléfiques. C'était la coupe qui lui avait imposé sa loi, et non l'inverse.

Cette cérémonie rimait certainement à quelque chose, mais *à quoi ?* Et que se passerait-il au cours des séances suivantes ?

Il résolut de ne plus rien faire tant qu'on ne l'aurait pas complètement éclairé sur le sujet.

Oui, mais il y avait Sybil. Quelle serait sa réaction s'ils la torturaient sous ses yeux ? Et ils n'auraient certainement aucun scrupule à le faire, si cela pouvait servir leurs fins.

A cette idée, son corps fut parcouru d'un violent tremblement.

On frappait à la porte. Bien qu'amorti par l'épaisseur du métal, le son était très distinctement audible. Comme si cette nuit insensée avait eu pour résultat de décupler l'ouïe de Childe. Il se leva du lit, notant au passage, mais sans en éprouver la moindre gêne, qu'il était nu, et s'avança vers la porte. Il donna un léger coup sur le battant qui s'ouvrit. Vivienne était là, flanquée de Pao légèrement en retrait.

— Avec l'avance technologique dont vous disposez, j'aurais cru que vous aviez d'autres moyens de vous signaler à mon attention, ironisa-t-il.

— Vous avez dit que vous vouliez être chez vous, expliqua patiemment Vivienne. En conséquence, nous avons débranché les miroirs truqués, l'interphone et le circuit de télévision.

Childe se demanda si c'était du lard ou du cochon. A tout hasard, il répliqua :

— Votre amabilité me renverse. Précisez-moi donc le lieu de cet interphone, pour que je puisse vous joindre en cas de nécessité. Ne vous croyez pas pour autant obligés de remettre en circuit tous vos autres machins.

— Comme voudra le Capitaine, murmura Pao.

— Pour le moment, le Capitaine veut déjeuner, et ensuite qu'on réponde à ses questions.

Pao dit : « Naturellement », du ton de l'interlocuteur qui ne saisit pas très bien le sens de l'objection.

— A dix minutes donc, reprit Childe. En attendant, indiquez-moi où se prend le petit déjeuner. Et ne refermez pas la porte à clé.

Pao eut l'air embarrassé.

— Excusez-moi, Capitaine, dit-il, mais vous devez rester ici. Pour votre propre sécurité. Des personnes vous veulent du mal. Vous ne pouvez pas quitter cette pièce. Sauf pour le Graalage, évidemment.

— Le Graalage ?

— Faire grandir la coupe. Le Graal.

— Ah, parce que ce n'est pas encore fini, cette histoire ?

— Non.

— Très bien, dit Childe. Je suis donc sous votre garde.

Pao s'inclina légèrement et dit :

— Sous notre sauvegarde, Capitaine. Seul votre intérêt nous guide.

Childe referma brutalement la porte et alla réveiller sa femme. Sybil n'était pas très chaude pour se lever, mais il lui dit qu'il avait absolument besoin d'elle pour entendre tout ce qui se dirait. Alors qu'il prenait le chemin de la salle de bains, il se figea brusquement sur place : une tête pleine de poils pointait sous le lit. Une tête de chien. Une tête de grand chien noir, un Danois probablement. Childe tapota la truffe, et la créature ouvrit les yeux.

— Qui êtes-vous et que foutez-vous sous mon lit ? dit-il.

Les yeux noisette avaient un éclat rassurant. Mais on ne pouvait en dire autant de ce qui surgit de dessous le lit. Le haut évoquait un chien canard géant, et le bas un singe. La créature se dressa sur ses pattes arrière — fallait-il dire ses jambes ? — et, d'une démarche un peu hésitante, s'avança vers une chaise où elle se laissa tomber. La partie simiesque était couverte de poils, assez clairsemés toutefois pour révéler deux testicules très humains d'apparence et un pénis verruqueux.

— J'avais faim, dit Childe. Mais votre vue, qui que vous soyez...

Il éprouvait un sentiment de répulsion, mais aucune peur. La créature ne paraissait pas dangereuse — du moins pas dans l'instant. Elle avait une expression lasse que venait encore renforcer l'éclat humide de ses grands yeux doux.

Mais, par sa seule présence, elle rappelait à Childe qu'il avait affaire à une espèce étrangère à l'humanité.

Sybil semblait trouver la chose très normale : la Sybil dont Childe avait gardé le souvenir se serait répandue en hurlements hystériques.

Il dit :

— C'est avec ça que tu as couché hier soir, Sybil ?

— Oui, entre autres.

— Parce qu'il y en a eu beaucoup d'autres ?

Pour autant qu'il ait pu se rendre compte, Plugger était le seul absent de la cérémonie.

— Non, pas tellement, finalement. Il a pris forme une demi-heure environ avant que nous n'arrêtions.

Il jugea superflu de lui demander arrêter quoi.

— Il a dit qu'il était pratiquement à plat, reprit Sybil. Il avait été voir les trois prisonniers Tocs avant de me rejoindre. Je suppose qu'il les avait enfilés, enfin qu'il avait placé sa bitte flasque contre leur anus pour leur donner la seule agréable secousse que je connaisse. Ensuite, il est venu me voir.

Childe ne se sentit pas le courage de la

rebuter. D'ailleurs, à quoi cela servirait-il ? Elle baisait où elle voulait, quand elle voulait, comme elle voulait, en prenant son pied. Et en ne cessant de se répéter qu'elle n'avait de toute façon qu'un seul et unique amour. Alors qu'en fait seule la baise l'intéressait. La baise dépersonnalisée.

L'incroyable de l'affaire, c'était moins la métamosphose de Plugger en cette créature mi-chien mi-singe que l'indifférence de Sybil face à cette situation. Elle aurait dû au moins manifester un certain émoi. Voire se trouver un état de choc profond.

— Et pourquoi Plugger a-t-il jugé utile de... stimuler les prisonniers ? interrogea-t-il.

— Il m'a expliqué que tous ceux qui se trouvaient dans la maison devaient participer au Graalage ; pour cela, il était nécessaire que tous les prisonniers — moi comprise — aient des rapports sexuels avec un Og.

Une voix s'éleva de la statuette de jade placée sur une tablette à proximité du lit :

— Désirez-vous quelque chose, Capitaine ?

— Oui ! lança-t-il brutalement à l'adresse de la statuette. Débarrassez-moi de ça ! Ce Plugger me donne envie de vomir !

Un instant plus tard, la porte s'ouvrit pour livrer passage à l'homme blond qui avait inauguré la procession. Il était suivi de deux femmes portant des plateaux. L'homme attrapa Plugger par une patte et l'entraîna au dehors tandis que les femmes servaient la collation. Le café était excellent, les œufs au bacon, accompagnés de toasts et de melon, délicieux.

Tout en se restaurant, Childe gardait un œil soupçonneux fixé sur Sybil, qui continuait à bavarder comme si de rien n'était. Apparemment, elle s'était forgée durant son incarcération des nerfs en acier inoxydable.

Le déjeuner terminé, elle disparut dans la salle de bains pour s'attiffer pour la journée, comme elle disait. Puis Pao et Vivienne firent leur apparition. La jeune femme s'agenouilla aussitôt devant Childe et lui embrassa le gland en murmurant : « Avec votre permission, Capitaine. » Après quoi ce fut au tour de Pao, qui de la main effleura son membre en disant lui aussi : « Avec votre permission, Capitaine. »

Childe ne s'insurgea pas. Si ça les amusait. Après tout, c'était ni plus ni moins idiot comme coutume que de baiser la main d'une Altesse.

A présent, il comprenait les raisons du comportement d'Igescu, Grasatchow, Dolores del Osorojo et Magda Holànyi. La puissance et la gloire se trouvaient dans son sexe.

Il se demanda si les deux loups-garous avaient vraiment eu l'intention de le tuer en l'attaquant, comme il l'avait supposé de prime abord. Il y avait aussi l'épisode de la femme-léopard, quand il s'était résolu à mettre à mort Igescu reposant dans son cercueil de chêne. Tout pouvait être interprété différemment.

A présent, la situation était claire — relativement : on attendait de lui qu'il se comporte en « Capitaine ». Mais ceci ne résolvait pas l'énigme des voitures abandonnées devant chez lui.

Comme lisant dans ses pensées, Vivienne intervint :

— Il y a quelques années de cela, nous étions presque arrivés à confectionner une moitié de Graal. C'est alors que les Tocs nous l'ont dérobé. Nous nous sommes lancés à la poursuite des voleurs. Ils étaient trois. Les deux premiers ont connu le sort qu'ils méritaient. Le troisième a pensé nous échapper en se réfugiant dans une gare de marchandises. Sentant qu'il était irrémédiablement piégé, il a jeté le Graal dans un wagon de vieilles ferrailles. Sur le moment, nous n'en avons rien su. Par la suite, il nous a expliqué toute l'affaire.

— J'imagine, dit Childe en fermant les yeux avec un frisson.

— Mais entre temps, le Graal avait pris le chemin d'une usine de reconditionnement de vieux métaux. Au terme de difficiles recherches — qui nous ont par ailleurs coûté pas mal d'argent — nous avons acquis la certitude que ce chargement très particulier s'était trouvé intégré aux carrosseries d'un certain nombre de voitures d'une marque et d'un modèle bien déterminés. C'est pourquoi...

— Mais vous n'aviez pas les numéros de chassis ? dit Childe.

Il commençait à comprendre.

— Il s'agissait heureusement de voitures destinées à cette région. Le nombre des véhicules intéressés se trouvait donc circonscrit aux alentours de trois cents. Nous avons donc entrepris de les voler systématiquement pour les placer devant votre porte. Nous avons eu de la chance, beaucoup de chance : dans trois d'entre eux se trouvaient des traces du métal du Graal. A votre passage, le métal était activé, mais vous ne pouviez en avoir conscience à cause de la peinture des carrosseries, qui faisait écran.

Nous avons donc conduit les véhicules chez un casseur qui, moyennant une grasse rétribution, s'est chargé de fondre le métal. Nous avons littéralement décanté les carcasses pour recueillir quelques fragments de métal du Graal, grâce auxquels nous avons pu détecter les autres véhicules qui en contenaient. Naturellement, il nous a encore fallu graisser quelques pattes officielles pour avoir les noms des propriétaires, mais nous ne pouvions pas voler toutes les voitures.

Bref, nous avons réuni assez de métal pour pouvoir espérer former un nouveau Graal. Il s'agit d'une procédure épuisante pour le Capitaine, comme pour ceux qui participent à la cérémonie. Mais il n'y a pas d'autre moyen.

Pour Childe, de nombreux points demeuraient encore obscurs. Il insista pour que Pao lui explique tout dans le détail. Pao s'exécuta, mais une heure et demie plus tard, Childe était à peine plus avancé.

Les Tocs étaient vraiment des êtres répugnants, mais les Ogs n'étaient certainement pas totalement innocents.

Néanmoins, ce que lui demandaient les Ogs

n'était pas quelque chose dont il puisse avoir à rougir devant le tribunal de la Terre. Tout au contraire : en les ramenant sur leur monde natal, il rendait un signalé service à sa planète d'origine. Evidemment, la gloire ne viendrait jamais consacrer son héroïsme : c'était plutôt l'asile de fous qui l'attendait s'il se mettait en tête de faire valoir ses mérites.

Mais le marché qu'on lui proposait impliquait un certain nombre d'éléments troublants. Par exemple, qu'est-ce qui l'empêchait de revenir sur terre pour récidiver avec les Tocs ? Si les Ogs étaient capables de fabriquer un Graal avec des carcasses de bagnoles, les Tocs pouvaient certainement en faire autant. Ce n'étaient pas les bagnoles qui manquaient.

Cette éventualité n'avait pas dû échapper aux Ogs. Mais quelles étaient leurs véritables intentions ? Childe ne trouvait pas de solution au problème : s'ils comptaient le tuer ou le retenir prisonnier sur leur monde, ils n'allaient bien évidemment pas le lui dire. Et s'il leur posait ouvertement la question, ils n'auraient d'autre choix que de le tuer ou de le garder en captivité. De toute façon, il était perdant.

— Ce sera un jour de Gloire, disait Vivienne. Par votre intervention, Capitaine, tous nos frères errant à la surface de la terre sous forme de complexes énergétiques pourront se rematérialiser.

Bien que se croyant arrivé au bout de ses surprises, Childe ne put réprimer un sursaut.

— Vous voulez dire que je vais donner à tous vos — euh — morts, des corps neufs ? dit-il.

— Grâce à vous, ils seront à même de réintégrer leurs corps matériels, exulta Vivienne.

— Ce sera pour nous le jour de la Résurrection, appuya Pao.

Ses yeux bridés brillaient. La lumière de la lampe s'y reflétait, rouge. Il ressemblait de plus en plus à un renard.

— Et où aura lieu cette résurrection, ou rematérialisation, enfin comme vous voulez ? questionna Childe.

— Ici même, dit Vivienne. Derrière la maison. Tous nos frères sont là.

— Neuf cents environ, précisa Pao. Ils ne seront pas tous ramenés à la matière en même temps, Capitaine. Vous serez maître du processus. Une dizaine ou une vingtaine à la fois, peut-être.

C'est vraiment la résurrection des corps, pensa Childe. Suis-je un Dieu ? se demanda-t-il.

— Lord Byron, mon véritable père, sera-t-il de leur nombre ? voulut-il encore savoir.

— Oh, non ! dit Pao. Vous oubliez que...

Il s'interrompit brutalement. Pour une raison évidente : Byron était un Toc, il ne devait donc pas être rematérialisé. Childe lisait dans ses pensées comme dans un livre ouvert : si les Tocs étaient les bons, et si le père de Childe était un Toc, le fils serait-il disposé à renier son père ?

— Byron était certes un homme plein de talent, mais le mal était en lui, reprit lentement Pao. L'Histoire observe un pudique silence sur ses vilenies, mais les faits sont là. Croyez bien que je déplore d'avoir à vous parler ainsi de votre père, mais il m'est impossible d'agir autrement. Il est heureux que nous ayons pu vous soustraire aux entreprises des Tocs.

Ce qui sous-entendait qu'ils l'avaient, par la même occasion, empêché de s'engager dans la voie néfaste suivie par son père.

— J'ai besoin de réfléchir à tout cela, dit Childe. J'aimerais donc que l'on me laisse seul. A moins que vous n'ayez prévu quelque chose pour moi, aujourd'hui ?

Comme à regret, Pao plaida :

— Les Tocs regroupent leurs forces pour lancer un assaut contre notre maison. Le temps est donc plus précieux que jamais. Nous espérions que vous seriez tout à fait reposé ce soir, prêt pour un autre Graalage.

— Nous verrons après le repas, dit Childe.

Pao s'inclina et Vivienne se disposa à lui sucer à nouveau la bitte, mais Childe l'arrêta en disant :

— Je préfère économiser mon Pouvoir.

Pao eut l'air satisfait de cette réplique, mais la jeune femme fronça les sourcils et se mordit la lèvre. Comme elle se disposait à prendre congé, Childe l'arrêta encore :

— Un instant, Vivienne. A propos de la nuit dernière. Vous vous souvenez de ce qui s'est passé ? Je veux dire, étiez-vous consciente quand vous vous êtes — comment dire — disjointe ?

— Vaguement, je crois. Quand je suis revenue à moi, toute rassemblée, je me suis confusément souvenue des événements qui s'étaient déroulés. Comme un rêve qui laisse une trace floue au matin.

— Pouvez-vous avoir un orgasme dans cet état ?

— Pas que je sache. Si vous avez pris votre revanche, elle devait être bien pâle — tout comme l'orgasme que j'ai pu avoir.

Childe dit :

— Je peux encore comprendre l'étrangeté des autres, dans la mesure où on en retrouve la trace dans le répertoire des mythes et superstitions. Mais vous ? Vous n'êtes ni une goule, ni une lamie, ni une ogresse, encore que...

— Si c'est de ma structure que vous parlez, de la chose qui est en moi, de ma discontinuité, comme je l'appelle, non. Je suis un exemplaire unique. Et récent ! Ma rematérialisation remonte seulement à 1562. Je suis morte en votre an de grâce 1431. La chose qui se trouve en mon sein — si je puis dire — est morte en 1440. Dans notre vie « humaine » comme dans notre vie d'Ogs, c'était mon plus proche compagnon.

— Vous voulez dire que cette chose a jadis été un homme ?

— Oui. Et quand nous avons pu nous rematérialiser, en 1562, nous avons adopté la disposition que vous connaissez. Nous n'échappons pas plus que quiconque aux lois de la biologie, mais sommes capables d'aller bien au-delà des limites fixées par la science de votre planète.

Nous sommes tombés d'accord sur cette forme de symbiose, qui, pensons-nous, devait nous permettre de doubler notre plaisir sexuel. Mais nous avons commis une erreur. Ou plutôt, j'ai commis une erreur : je croyais qu'en me dotant d'organes autonomes, capables d'avoir chacun une vie sexuelle propre, des orgasmes multiples... enfin, ça n'a pas du tout marché comme je l'espérais.

Childe se demanda si elle ne se payait pas sa tête. Ça paraissait tellement incroyable que quelqu'un choisisse délibérément d'être bâti comme elle l'était ! Ne fallait-il pas plutôt voir là le résultat de l'intervention des Tocs qui, l'ayant surprise au moment où elle se rematérialisait avec la créature, avaient saisi l'occasion de concrétiser une sadique vengeance en forme de farce ?

— Nous avons tous deux eu des expériences extrêmement traumatisantes durant notre vie au xve siècle, poursuivait Vivienne : il a péri par la corde et par le feu ; de mon côté, j'ai connu le supplice du bûcher.

— Vous étiez une sorcière ? demanda Childe. Ainsi donc toutes les sorcières brûlées n'étaient pas innocentes ?

— Oh, non ! Je n'étais certes pas innocente ! Mais je n'étais pas une sorcière au sens où l'entendaient mes bourreaux. J'ai été brûlée par les Anglais, vous savez.

— Non, je ne savais pas, dit Childe. Qui

étiez-vous donc ? Quelqu'un dont le nom ait pu me parvenir ?

— Je suppose, dit-elle. Je m'appelais Jeanne d'Arc. Et la créature en moi était Gilles de Rais.

Chapitre XIX

Après le départ des deux Ogs, Childe s'allongea sur le lit. Sybil n'ayant pu surprendre que les cinq dernières minutes de la conversation, il lui récapitula tout depuis le début. Elle dit :

— J'avais toujours cru que Jeanne d'Arc avait été illégitimement brûlée par les Anglais, qu'on l'avait lavée de l'accusation de sorcellerie.

— Elle a été condamnée par l'Eglise, mais c'est l'Eglise qui s'est par la suite reniée pour la canoniser. Sans doute était-elle une héroïne trop encombrante.

— Je ne comprends pas, dit Sybil. Où voulait en venir Vivienne — ou Jeanne ? Pourquoi une Og aurait-elle tenté de bouter les Anglais hors de France ?

— Pour son propre compte, peut-être. Qui saura jamais ce qu'elle avait l'intention de faire une fois le pays libéré et rendu à son maître français ? Peut-être comptait-elle l'évincer, ou gouverner la France par son entremise. Peut-être même a-t-elle voulu débarrasser la France des Anglais pour envahir ensuite l'Angleterre et réunir les deux pays sous un même joug. Je ne l'ai pas interrogée sur ses projets avec Gilles de Rais. Mais ce sera pour plus tard. Pour le moment, tout ça me laisse pantois.

— Qui était Gilles de Rais ?

— Un Maréchal de France — un des plus grands chefs de guerre que la France ait jamais connus. C'était aussi un homosexuel sadique et psychotique qui a détourné, torturé, mutilé et sacrifié des centaines d'enfants. Des garçons, pour la plupart : très peu de filles à ma connaissance. En ce temps-là, quelqu'un de sang royal ou simplement noble pouvait se permettre beaucoup de choses, mais Gilles est allé trop loin. Il a été inculpé de sorcellerie, meurtre rituel et divers autres crimes, dont notamment, je crois, la sodomie. Il a été exécuté, et a connu une mort digne de ce qu'avait été sa vie. On trouve peu d'exemples d'une bestialité semblable. A côté de lui, Jack l'Eventreur a l'air d'un bon papa-gâteau.

Sybil frissonna, mais ne fit pas de commentaire. Childe se leva et commença à se dévêtir tandis qu'elle le regardait avec des yeux ronds.

— Déshabille-toi, dit-il.

— Pourquoi ?

— Parce que j'ai envie de te faire l'amour. Ça te paraît bizarre ?

— Oui, après ce qui s'est passé hier soir.

Elle commença à déboutonner son corsage, mais s'interrompit ?

— Tu ne dois pas te réserver pour ce soir ?

— Viens ici, je vais t'aider à te déshabiller, dit-il.

Il s'attaqua aux boutons restants.

— Oui, je suis censé devoir. Mais ce que je veux et ce qu'ils veulent, c'est deux choses différentes. Et si je suis pompé, qu'est-ce qu'ils pourront y faire ?

— Oh, non ! Tu ne devrais pas.

— Dans quel camp es-tu ?

— Dans le tien, évidemment. Mais je ne veux pas qu'ils s'en prennent à toi, Harald. Ni à moi.

— Tu peux toujours leur dire que tu t'es fait posséder, dit-il avec un sourire sarcastique. Dans tous les sens qu'il leur plaira.

— Vraiment, je ne devrais pas, dit-elle en jetant un regard sur le membre qui commençait à se dresser.

— Vas-y. Touche.

— Je ne suis pas un Og, répliqua Sybil. Mais si c'est ce que tu veux.

Il l'aida à ôter son corsage, dégrafa le soutien-gorge et le laissa tomber à terre. Elle avait des seins lourds et gonflés qui ne manifestaient aucune propension à s'affaisser. Il embrassa les pointes qui se gonflèrent sous sa bouche tandis qu'il les suçait tour à tour. Elle se tenait pressée contre lui, gémissante, le dos légèrement arqué. Elle se pencha et saisit doucement le membre qui se raidit sous la caresse. Il lui embrassa les seins sur toute leur surface, puis la courba sur le lit et la fit s'allonger. Il la dépouilla de sa jupe et de son slip, puis enfouit la tête entre ses cuisses. L'épaisse toison noire commençait à être inondée. Sybil lubrifiait toujours énormément. Il lécha la fente sur toute sa longueur, faisant courir le bout de sa langue entre les lèvres. Puis il insista sur le clitoris, titillant rythmiquement, inséra deux doigts dans la fente et leur imprima un mouvement de va-et-vient, lentement d'abord, puis à une cadence de plus en plus accélérée. Elle jouit avec un grognement sauvage venu du fond de la gorge en s'agrippant à ses cheveux.

Childe quitta alors le creux des cuisses et remonta le long de son corps. Il la prit par la nuque et attira sa tête vers son membre lourd et gonflé, dressé comme un mât. Le gland pourpre et luisant, était tendu à craquer. Les veines bleues saillaient comme des filons de métal sous la peau rougeâtre.

Sybil lui suça quelque temps les couilles, une après l'autre, tandis qu'elle enfonçait à moitié un doigt dans son anus. Il manifesta par un grognement le plaisir que lui procuraient la bouche, la langue et le doigt. Puis elle effleura le chibre de la langue, alla humecter les poils, et prit le gland gorgé de sang entre ses lèvres. La langue se mit à vibrer sur la fente, tandis que les lèvres produisaient un violent bruit d'aspiration. Le bout des dents effleurait la peau tendre tendue à éclater.

Il déchargea dans sa bouche avec une violente convulsion des muscles de son ventre et de ses reins, l'impression que son corps volait en éclats.

Sybil, ayant avalé tout le foutre, continuait à sucer, ne s'interrompant que pour proférer des paroles de tendresse. Childe sentit sa pine se dresser à nouveau et, quand elle eut retrouvé toute sa raideur, il enjoignit à Sybil de s'allonger. Il l'enfourcha et enfonça à fond son membre dans la fente, poils contre poils étroitement emmêlés. Il demeura quelque temps ainsi, savourant la chaleur humide et tendre. Il sentait la pression du sphincter de Sybil qui massait doucement sa verge.

— Je n'ai rien d'un Superman, tu sais, dit-il. Une ou deux fois par soir, et en général c'est terminé pour moi. Mais chez Igescu, cette truie de Grasatchow m'avait enfourné un suppositoire qui avait agi comme un aphrodisiaque, comme une source d'énergie illimitée. Et hier soir, ils m'ont donné un breuvage qui m'a fait retrouver la même sensation. L'effet est peut-être durable — ce qui expliquerait que je bande encore si peu de temps après avoir déchargé. Ou alors c'est parce que j'ai été si longtemps séparé de toi, auquel cas, c'est toi mon aphrodisiaque. De toute façon, je t'aime, et j'ai bien l'intention de passer le reste de la journée à baiser.

— Je t'aime, aussi, lâcha dans un souffle Sybil. Tu es prêt à t'activer, maintenant, Harald ?

Il se mit à aller et venir en elle, lentement au début, puis de plus en plus vite à mesure que la marée qui montait en lui se faisait plus pressante. Il jouit avec un grognement au moment où elle criait son extase, laissant des pleurs rouler sur l'oreiller.

Ce ne pouvait être que ça : la drogue qu'on lui

avait fait prendre continuait à agir. Après avoir déchargé, son membre perdit un peu de sa rigidité, mais il le maintint dans le con de Sybil et, quelques instants plus tard, il avait retrouvé toute sa vigueur.

Mais cette fois, le liquide blanchâtre paraissait moins impatient de se ruer au dehors. Childe s'activa sur Sybil pendant au moins un quart d'heure, sans parvenir à décharger, bien que sentant l'extase monter lentement en lui. Sybil avait orgasme sur orgasme. Les yeux grands ouverts, les bras en croix, roulant la tête d'un côté et de l'autre, elle gémissait et pleurait.

Brusquement, elle poussa un cri, et parut perdre conscience. Childe ne s'inquiéta pas, car il connaissait ce comportement pour l'avoir souvent observé chez Sybil : quand elle avait un orgasme particulièrement violent, il lui arrivait de s'évanouir.

Mais sous lui, le corps blanc prenait une teinte rougeâtre. La peau lisse et moite se couvrait de poils aussi roux et mouillés que ceux d'un terrier irlandais qui viendrait de sortir de l'eau. Le visage s'allongeait, se prolongeait en museau, la longue chevelure se réduisait à une pelote de poils hérissés, les yeux allaient se placer de part et d'autre de la tête, les petites oreilles délicatement ourlées devenaient de gros organes velus qui pointaient vers le haut.

Les mains aux longs doigts soigneusement manucurés devinrent des pattes pourvues de griffes émoussées. Les jambes se couvrirent de poils, et Childe sentit un membre raide et dur qui pesait contre son estomac. Le foutre de ce membre aspergea son ventre, dégoulina sur sa propre pine enfouie jusqu'à la garde dans l'anus velu de la créature.

Il était trop tard pour faire machine arrière. Il se trouvait déjà tout près d'éjaculer au moment où la métamorphose s'était accomplie. De plus, il s'était déjà douté que cette chose n'était pas Sybil : elle avait paru trop peu émue par le changement de forme de Plugger, trop indifférente aux événements qui s'étaient produits, trop empressée à baiser avec lui. Même si elle avait eu envie de faire l'amour, Sybil se serait retenue, par peur de s'attirer les foudres de leurs ravisseurs en pompant le Capitaine. La créature devait certainement avoir elle aussi éprouvé cette crainte, mais elle n'avait pu résister à la tentation d'avoir pour elle toute seule la Puissance et la Gloire de la pine du Capitaine.

Et c'est ce qui avait causé sa perte. Débordée par le plaisir, elle n'avait plus pu se contrôler. Apparemment, elle n'avait pas encore pris conscience de sa métamorphose.

Il déchargea dans le cul bordé de poils roux. L'intensité de sa jouissance fut telle qu'ils se sentit presque prêt à pardonner. Presque.

Pantelant, il demeura un bon moment allongé, inerte, sur le corps velu.

Puis il se leva du lit et l'empoigna par le cou. La bête était aussi grande et presque aussi lourde que lui, mais avait l'air terrifiée. Les yeux marrons étaient exorbités, comme si la créature se trouvait sur le point de manquer d'air, et les pattes s'agitaient convulsivement.

Childe fit demi-tour, l'empoigna par les oreilles et la traîna jusqu'à la porte. Il hurla jusqu'à ce qu'on lui ouvre, puis satisfaction obtenue, expulsa la chose en assénant un coup de pied sous la longue queue touffue. Les trois personnes qui la réceptionnèrent eurent l'air choquées.

— C'est le dernier tour que vous m'aurez joué ! éructa-t-il. Où est ma femme ? Vous avez intérêt à retrouver Sybil, et vite, si vous voulez encore obtenir quelque chose de moi. Débrouillez-vous !

La chose se redressa, se grattant le dos avec une patte, et se mit à gémir. Elle voulait dire quelque chose, mais sa gueule était incapable de former des sons humains.

— Tuez-moi ça ! hurla Childe. Tuez cette chose et apportez-moi la preuve que vous l'avez bien fait ! Et ensuite, rendez-moi ma femme, Sybil, saine et sauve !

La porte se referma et Childe entendit le déclic du verrou. Il tourna quelque temps en rond dans la pièce, écumant de rage. Enfin, il éclata en sanglots, et demeura longtemps à pleurer. Quand ses larmes se furent taries, il alla prendre une douche et se rhabilla. Pao et le blond de haute taille au type suédois qui répondait au nom de O'Brien pénétrèrent dans la pièce.

Chapitre XX

Ce soir-là, à neuf heures, Forry Ackerman et quatre Tocs, dont Alys Merrie, se préparaient pour leur expédition. Forry avait dû déployer des trésors d'imagination pour expliquer à Wendy pourquoi il ne l'accompagnait pas à la soirée mensuelle des fans de science-fiction, et à l'hôte et à l'hôtesse pourquoi c'était impossible. Il doutait d'avoir convaincu personne par ses excuses, mais elles étaient assurément plus présentables que la vérité.

Après cinq heures, la pluie s'était interrompue pendant quelque temps, et la couche de nuages s'était légèrement éclaircie. Puis la pénombre et les éclairs étaient revenus, accompagnés du tonnerre. Une demi-heure plus tard, les écluses du ciel se rouvraient.

Toutes les chaînes de télévision étaient saturées de communiqués sur les dommages causés par les inondations et le nombre de morts. A la radio, entre deux déchaînements de musique rock, le tableau était similaire. Plus de deux cents habitations avaient dû être abandonnées par les occupants. Il y en avait au moins un nombre égal qui risquait de glisser sur la colline ou d'être emportées par le flot. L'accès de la plupart des canyons était interdit, y compris pour les résidents. Les rigoles et les ruisseaux qui dévalaient les flancs des collines s'étaient mués en petites rivières et en marées dévastatrices. Du côté de Basin et San Fernando Valley, on avait parfois de l'eau jusqu'aux genoux. Les affaires étaient au point mort ; la plupart des lignes de bus avaient cessé d'assurer leur service. Le gouverneur avait fini par déclarer zone sinistrée les trois comtés. Les bons citoyens stigmatisaient l'incurie des Pouvoirs Publics et un agent de l'administration avait été abattu par un citoyen enragé qui avait vu sa maison engloutie sous un torrent de boue.

Les épiceries commençaient à manquer de denrées. L'eau était contaminée et les égouts refoulaient. Malgré la pluie qui tombait presque sans discontinuer, les incendies étaient nombreux et un camion de pompiers, répondant à la énième alerte de la journée, était tombé dans un énorme trou creusé par les torrents qui dévalaient des collines. Personne n'avait été noyé, mais le camion était fichu.

Juste avant de partir, Forry reçut un coup de téléphone de Wendy. La soirée avait été annulée, bien que la plupart des invités n'aient que quelques kilomètres à faire pour s'y rendre. Cette décision aurait dû être prise plusieurs jours auparavant, mais la maîtresse de maison était une femme particulièrement entêtée.

Forry lâcha un ouf de soulagement. Il lui avait été extrêmement pénible de mentir, et en même temps il s'en était voulu de ses scrupules : que pesait une réunion mondaine alors que le sort du monde était lié à ce qu'il allait faire ce soir-là avec les Tocs ? Et pourtant, il ne pouvait s'empêcher d'être chiffonné.

Hindarf conduisait une camionnette qui s'était plusieurs fois déjà trouvée avec de l'eau au-dessus des essieux. A l'angle de Sunset Boulevard et de Beverly Drive, il rangea le véhicule contre le trottoir. Un semi-remorque qui tirait un énorme fourgon arriva cinq minutes plus tard et s'arrêta dans un sifflement de freins à air comprimé. Ils descendirent de la camionnette et se dirigèrent vers le camion, de l'eau jusqu'aux chevilles. Ils devaient se tenir les uns aux autres pour ne pas être emportés par le courant. Un madrier, qui avait l'air de provenir d'un panneau publicitaire, leur frôla les pieds, et disparut au fil du courant. Si une jambe s'était trouvée sur son passage, le tibia eût été brisé comme une allumette.

Il y avait vingt autres personnes dans le fourgon. Les portières arrière se refermèrent, et le camion démarra. La puissance du moteur et la hauteur du châssis lui permettaient de s'aventurer dans des eaux qui auraient irrémédiablement emporté une voiture.

Chemin faisant, Hindarf les chapitra. Apparemment, tout le monde, à l'exception de Forry, connaissait la chanson par cœur, mais Hindarf voulait que rien ne reste dans l'ombre. Ce briefing dura environ un quart d'heure, et il fallut encore dix minutes pour que chacun ait revêtu son équipement — combinaison, masque, palmes et bouteilles. Forry signala qu'il n'avait jamais fait de plongée sous-marine, mais on lui répondit qu'il n'aurait qu'une minute à passer sous l'eau. Les combinaisons étaient surtout là pour les protéger du froid.

Le camion s'arrêta au pied d'une pente abrupte. Les portes s'ouvrirent et une petite échelle fut mise à la disposition de Forry, tandis que les autres sautaient par-dessus bord. Ils se trouvaient dans Topanga Canyon, juste avant la route qui conduisait à la maison des Ogs. Les eaux brunâtres qui la dévalaient venaient se mêler au flot impétueux qui descendait Topanga Canyon. Forry se félicita d'avoir une combinaison et des palmes, ainsi que des bouteilles assez lourdes pour servir de lest. Mais il lui paraissait hors de question de gravir la pente ainsi harnaché.

— Vous pouvez très bien, dit Hindarf. Mettez le masque et respirez par la bouche.

— Maintenant ? dit Forry.

— Maintenant.

Forry s'exécuta et la première inspiration qu'il prit lui parut la plus revigorante de toutes celles qu'il avait connues depuis son enfance. L'air se diffusait dans son corps, l'emplissait de force et d'allégresse : il avait presque envie de chanter. Mais il ne fallait évidemment pas y penser, avec l'embout respiratoire qu'il serrait entre ses dents.

Hindarf dit :

— Il se peut que nous rencontrions quelques difficultés là-haut. La drogue injectée dans le circuit respiratoire nous tiendra sous pression. L'effet est intense, mais de courte durée.

Ils suivirent la route en pataugeant dans l'eau avec leurs palmes. Forry se dit qu'ils avaient tout à fait l'air de Vénusiens, avec leurs pieds palmés, la peau noire et brillante de leurs combinaisons, les bouteilles d'air sur le dos, les masques et leurs gros embouts respiratoires. Certains étaient même armés de foènes ou de fusils lance-harpon. La pluie tombait, drue, sur la petite troupe et tout n'était qu'obscurité et humidité : exactement comme sous la couche de nuages de la face non éclairée de Vénus.

Sur le point d'arriver au virage après lequel ils se seraient trouvés exposés aux regards des habitants de la maison, ils coupèrent à travers la colline. La pente était raide et boueuse, et ils durent s'agripper aux buissons et se tirer les uns les autres pour poursuivre leur progression. A présent, Forry appréciait à sa juste valeur la combinaison, qui le protégeait de l'eau et de la boue. Le poids des bouteilles paraissait négligeable eu égard au sentiment de force qui l'emplissait. Son cœur battait à son rythme habituel : l'effort supplémentaire qui lui était imposé devait être compensé par la drogue introduite dans le circuit respiratoire.

Glissant, dérapant, se raccrochant aux buissons, ils finirent par atteindre le sommet de la colline. Sur leur droite, un mamelon les dissimulait à la vue de ceux de la maison. Forry se fit la réflexion que de toute façon, même des yeux de chat seraient bien en peine de percer cette obscurité.

A la suite d'Hindarf, ils contournèrent la colline pour arriver au pied d'un haut mur de brique. Le sommet était garni de barbelés de près d'un mètre de haut. Deux ou trois Tocs mirent en batterie une échelle pliante, un échalier en fait, — qu'ils appuyèrent contre le mur. Hindarf recommanda bien à tout le monde de ne pas toucher aux fils, qui étaient sous haute tension. A tour de rôle, ils franchirent l'obstacle.

Ils se trouvaient dans un verger qui semblait s'étendre sur plusieurs centaines de mètres au nord et au sud de l'emplacement qu'ils occupaient, et à une distance indéterminée en direction de l'ouest. L'échalier fut retiré, replié et dissimulé sous un massif de buissons. Toujours sous la conduite d'Hindarf, ils progressèrent à travers les arbres pour atteindre le pied d'un raidillon qui s'élevait vers un muret de brique. On y avait pratiqué des marches taillées dans une pierre qui émit des reflets rouges et noirs sous les faisceaux des lampes d'Hindarf et de ses compagnons.

Forry s'inquiéta de cette imprudence, mais Hindarf lui assura que c'était une sorte de lumière noire. Forry ne pouvait la voir que grâce au verre spécialement traité de son masque.

Hindarf ne pensait pas que les Ogs soient équipés pour la détecter.

Parvenus en haut des marches, ils purent distinguer la masse noire de la maison qui se dressait à une cinquantaine de mètres. Elle était plongée dans l'obscurité, à l'exception d'un rai de lumière qui filtrait. Ils poursuivirent leur chemin et aboutirent à une piscine de forme allongée : elle débordait, inondant le ciment, le patio, la cour, et déversant son flot dans les marches qu'ils venaient de gravir.

Hindarf refit une dernière fois la leçon à Forry et s'enfonça dans la piscine en empruntant l'échelle de fer. Obéissant aux directives de l'homme préposé à sa sauvegarde, Forry prit le même chemin. Pendant un instant, tout fut noir, et Forry ne sut plus où se trouvait le haut et le bas, le nord et le sud. Puis une lumière jaillit, illuminant tout ce qui se trouvait autour de lui, et il distingua juste devant lui, son guide qui brandissait la lampe. Il apercevait encore les palmes d'Hindarf, à la lisière de la zone éclairée.

Toujours sous l'eau, ils parcoururent les soixante mètres du bassin en se tenant aussi près que possible du fond. Forry entrevit d'étranges silhouettes peintes sur le ciment qui le revêtait. Des Griffons, des loups-garous qui passaient de l'état humain à l'état animal, un dragon dépourvu de pattes, un coq aux ailes palmées et au bec en forme de pénis, une pieuvre pourvue d'un con rasé en guise de bouche, un crabe à l'aspect méchant chevauché par une femme nue dont les seins étaient remplacés par des nageoires, ainsi qu'une forme immense aux contours mal définis, et qui n'en était que plus inquiétante.

Enfin ils parvinrent au bout du bassin, et Forry vit Hindarf et son guide qui enlevaient une plaque dans la paroi. Apparemment, elle ne se distinguait en rien du matériau environnant, mais une fois ôtée, elle dévoila un trou profond et obscur, Hindarf s'y engagea, suivi par le guide. Après un bref moment d'hésitation, Forry les imita, conscient de tenir entre ses mains l'honneur des Terriens. Le tunnel s'enfonçait sous terre, mais ses parois étaient revêtues d'un assemblage de petites plaques vissées les unes aux autres. Il se demanda combien de temps il avait fallu aux Tocs pour parvenir à ce résultat. Des années sans doute, car ils ne disposaient que des quelques heures précédant le lever du soleil.

Mais il se pouvait aussi que ce tunnel fut l'œuvre des Ogs, désireux de se ménager une sortie de secours. Et les Tocs, qui avaient découvert cet accès, l'utilisaient pour s'introduire dans la place.

Il ne sut combien dura leur progression à travers le tunnel. Mais il lui parut que cela prenait un très long temps. Le boyau s'enfonçait dans la terre — c'est du moins l'impression qu'il eut. Puis ils débouchèrent dans un local illuminé par la vive lumière d'une lampe à arc suspendue à une chaîne scellée dans le plafond de ciment. Une échelle donnait accès à une plate-forme au bout de laquelle se trouvaient suspendues des rangées de combinaisons de plongée. Des masques et des bouteilles d'air s'empilaient en grand nombre sur les rayonnages.

Sa deuxième supposition avait été la bonne. C'était bien l'œuvre des Ogs, mais dans ce cas, comment expliquer l'absence de gardes ou de systèmes d'alarme ?

Hindarf lui expliqua qu'ils ne pouvaient aller plus avant dans cette direction : la porte qui s'ouvrait à l'autre bout du local était verrouillée et pourvue de dispositifs de sécurité. Ils allaient emprunter donc un autre tunnel, qui, lui, était leur œuvre.

Ils plongèrent à nouveau, et Forry les imita. Il vit Hindarf s'engager dans un orifice si étroit que les bouteilles râclaient contre les plaques de revêtement. Le tunnel s'infléchissait rapidement selon un trajet qui, estima-t-il devait les conduire au niveau du tunnel des Ogs, mais à une dizaine de mètres plus à l'ouest.

Il émergea dans un autre local, beaucoup plus petit que le premier. Il y avait là un radeau de bois avec des caisons gonflables et au mur une échelle qui montait jusqu'au plafond, à quatre mètres au-dessus de leurs têtes.

Hindarf hissa Forry sur le radeau. Un des hommes tendit à Hindarf un papier enfermé dans un emballage étanche. Hindarf l'ouvrit, sortit le papier et le déplia. A l'aide de leurs lampes, au seul bruit du clapotement de l'eau et de la respiration lourde des hommes réunis dans la pièce, ils examinèrent les plaques qui revêtaient le plafond. Juchés au sommet de l'échelle, deux hommes retiraient les plaques.

Il y eut une violente explosion au-dessus de leurs têtes.

Le choc fut soudain et brutal. La plate-forme se souleva au-dessus de l'eau avec ses occupants. De tous côtés, la terre s'éboula, retombant sur le dos de ceux qui se trouvaient en-dessous, faisant jaillir des gerbes d'eau, martelant rythmiquement le radeau qui roulait d'un bord sur l'autre.

Mais, malgré quelques plaques disjointes, tordues ou cassées, les parois ne cédèrent pas. Le fracas de l'explosion s'était aussitôt éteint, comme s'il se fût agi d'une explosion aérienne. Maintenant, le silence n'était plus troublé que par le mouvement de ressac de l'eau contre les parois du puits et les gémissements de la plate-forme qui se soulevait et s'abaissait.

Hindarf fut le premier à rompre ce silence :

— Ou bien c'était un tremblement de terre, ou bien la maison commence à glisser. Quoi qu'il en soit, nous continuons comme prévu. Il ne nous faut que quelques secondes pour sortir d'ici et nous introduire dans la place.

Les deux hommes juchés sur l'échelle s'y étaient agrippés comme si elle avait menacé de basculer. Ils se remirent au travail et ôtèrent les plaques qui restaient pour dégager une large ouverture au-dessus de leur tête.

Forry se demanda pourquoi ils procédaient si lentement. Il avait envie d'aller arracher les plaques avec ses ongles, en même temps que tout ce qui pourrait encore s'interposer entre lui et l'air libre. Mais il parvint à dominer ce mouvement de panique : l'honneur de la Terre ne reposait-il pas sur ses épaules ?

Hindarf escalada les barreaux et se mit à creuser la terre avec un petit pic. Forry fit un mouvement de côté pour éviter les gravats qui se détachaient. Son mentor lui montra le papier et dit :

— Nous nous trouvons exactement sous le plancher de la pièce où Childe doit se trouver enfermé.

— Comment êtes-vous entré en possession de ce plan ? interrogea Forry.

— Grâce aux archives municipales. Les Ogs croyaient avoir fait disparaître tous les plans de cette demeure, qui a été construite il y a bien longtemps. Mais il en restait un, qui avait été mal classé. Nous avons dû entreprendre des recherches très coûteuses, mais cela en valait la peine.

— Et qu'est-ce qui vous fait croire que Childe se trouve dans cette pièce ?

— Les Ogs ont déjà retenu ici des prisonniers de marque — Tocs ou Terriens. Nous pouvons nous tromper, mais nous serons du moins à pied d'œuvre.

Hindarf avait maintenant l'oreille collée à un instrument qu'il appliquait contre la pierre. Au bout de quelques instants, il remisa l'objet dans une poche ventrale de sa combinaison de plongée et s'attaqua au matériau avec une sorte de mèche. Forry s'étonna de n'entendre aucun son, mais son mentor lui expliqua que l'engin fonctionnait avec des ondes ultrasoniques.

L'opération prit un certain temps. Installés côte à côte sur l'étroit barreau de l'échelle, Hindarf et un autre Toc descellaient délicatement chaque bloc pour les transmettre avec précaution à ceux qui se tenaient en-dessous.

Quand tous les blocs furent enlevés, Hindarf se livra à une nouvelle auscultation. Il rempocha son instrument avec un air soucieux.

— C'est étrange, on entend comme un clapotis.

Il prit la grande plaque de métal qu'on lui tendait pour la visser au plancher. Un fil partait d'un coin du quadrilatère et aboutissait à une petite boîte de métal noir confiée à un de ceux qui étaient demeurés sur le radeau.

Hindarf demeura seul sur l'échelle tandis que les autres prenaient du champ. Hindarf adressa un signe de la tête à l'homme qui disposait de la boîte. Le Toc appuya sur un bouton.

La plaque de métal tomba en sifflant aux oreilles d'Hindarf, avec la portion de plancher qui y était attachée.

Une énorme cataracte d'eau s'engouffra en rugissant dans l'ouverture. Elle renversa Hindarf de son perchoir, se répandit sur le radeau, balayant ceux qui se trouvaient sur la plateforme pour les rejeter dans le puits ou sur le radeau.

Forry Ackerman se retrouva sur le radeau.

Chapitre XXI

Pao dit :

— Votre femme est morte il y a trois mois.

— Vous l'avez tuée ! hurla Childe. Vous l'avez tuée ! L'avez-vous torturée avant de la mettre à mort ?

— Non, dit Pao. Nous ne voulions pas lui faire de mal, car nous avions l'intention de vous la rendre quand vous seriez prêt à nous servir. Mais elle est morte.

— Comment ?

— Un accident. Vivienne, Plugger et votre femme s'étaient formés en triangle. Plugger stimulait Vivienne en enfonçant sa langue dans sa bouche, votre femme était stimulée par la bitte de Plugger dans sa bouche, et Vivienne et votre femme avaient leurs sexes qui se touchaient presque, face à face si l'on peut dire. Gilles était enfoncé dans le con de votre femme, ou alternant le con et le cul, je suppose.

— Je peux comprendre que Sybil s'adonne à ce genre de divertissement, dit Childe. Mais vous ne me ferez jamais croire qu'elle a laissé Vivienne l'approcher. Elle serait partie en courant à la vue de cette créature-serpent.

— Quand Plugger s'occupe de vous, vous vous surprenez à faire des choses dont vous ne vous seriez jamais cru capable autrement, expliqua Pao. Je n'ai aucune raison de vous mentir. La vérité est que Gilles est devenu fou — il n'y a d'ailleurs jamais eu beaucoup de cervelle sous son petit crâne : il ne connaît même pas son propre nom et emploie un langage automatique totalement inintelligible, même pour lui... Quoi qu'il en soit, il est devenu fou, peut-être parce que Plugger le stimulait trop, et il a mordu le rectum de votre femme. Il a dû déchirer quelques vaisseaux sanguins, et elle a succombé à une hémorragie. Elle continuait à remuer et à réagir aux décharges électriques de Plugger alors même qu'elle était morte, ce qui explique pourquoi ni Vivienne ni Plugger ne se sont rendus compte de ce qui se passait.

Childe se sentit pris de nausée. Il se laissa tomber sur le bord du lit, tête basse. Pao l'observait sans mot dire.

Au bout de quelques instants, Childe leva les yeux vers Pao. Le faciès asiatique était totalement vide d'expression. Avec sa peau jaune, sa bouche mince aux coins tombants, son nez busqué, ses pommettes hautes, ses yeux noirs bridés et sa chevelure sombre, on eût dit un Fu-Manchu rasé de frais. Pourtant cet homme — ou plutôt cet Og — devait être en train de se faire un sang d'encre : il ne pouvait recourir aux méthodes habituelles pour forcer Childe à coopérer. Les tortures les plus raffinées étaient impuissantes à arracher à un Capitaine son Pouvoir. Le Capitaine était incapable de remplir ses fonctions dans la souffrance.

Childe pensa à Vivienne, Plugger, Gilles de Rais et à la créature qui s'était métamorphosée pour prendre la forme de Sybil. Comment s'appelait-elle déjà ? Breughel ?

O'Brien avait disparu. Etait-ce pour exécuter l'ordre de Childe — tuer Breughel ?

Pao déglutit et dit :

— Que puis-je faire pour réparer ?

Ce qui signifiait : « Quelle sorte de vengeance désirez-vous ? » Et il pensait — sans doute — que Childe le tenait pour responsable de la mort de sa femme.

Childe dit :

— Tout ce que je demande, c'est que la créature-serpent soit mise à mort.

Pao eut l'air soulagé, mais répliqua aussitôt :

— Vivienne en mourra !

Childe se mordit la lèvre. L'assouvissement de sa vengeance n'impliquait la mort de personne d'autre que la créature-serpent. Il voulait que cette chose meure, mais il voulait aussi que Vivienne reste en vie, pour mesurer l'étendue de ce qu'elle avait perdu — elle et les autres Ogs.

— Faites venir Vivienne, dit-il.

Pao s'éclipsa et revint au bout de quelques instants, suivi de Vivienne. Quelques autres Ogs, dont O'Brien, firent aussi leur entrée dans la pièce.

— Je veux un couperet de boucher, des pansements, de l'onguent et de la morphine, dit Childe.

Vivienne devint livide. Elle semblait être la seule à avoir deviné ses intentions.

— Ah, oui, apportez-moi aussi un tabouret en bois et une solide paire de tenailles, ajouta-t-il.

Tremblante, Vivienne se laissa tomber sur un siège.

— Levez-vous et déshabillez-vous, dit Childe.

Elle obéit et commença lentement à se dévêtir.

— A présent, vous pouvez vous asseoir.

O'Brien revint avec les instruments demandés.

Childe dit :

— J'ai vu le film où vous tranchiez la queue de Colben avec vos fausses dents d'acier. Inutile donc d'essayer de me prendre par les sentiments.

— Je n'essaye rien, dit-elle. Mais ce n'est pas moi qui lui ait tranché la bitte.

— Je ne veux pas discuter. Même si ce n'est pas vous, vous en êtes très capable. Et vous avez certainement fait bien pis.

Il aurait voulu la voir pleurer et supplier : or elle gardait un maintien parfaitement digne et courageux. Mais cela n'avait rien de surprenant de la part de Jeanne d'Arc !

— Maintenez-la, commanda-t-il, et écartez-lui les jambes.

Pao et O'Brien s'emparèrent chacun d'une jambe. Des jambes splendides, au galbe parfait, à la peau d'une tendre blancheur. Le buisson qui entourait le mont de Vénus était très fourni, de couleur auburn. C'était certainement la chatte la plus attirante qu'il ait jamais vue. On ne se serait jamais douté de l'abomination qui s'y nichait.

Un moment, Childe envisagea de s'en remettre à l'un des spectateurs pour la suite de l'opération. Mais il résista à cette tentation : s'il avait le courage d'ordonner cette chose, il devait avoir le courage de la faire lui-même.

Avec précaution, il inséra les tenailles. Vivienne tressaillit et se mit à trembler, mais aucun cri ne sortit de sa gorge.

Il enfonça les tenailles plus avant et commença à explorer l'intérieur. Son idée primitive — refermer les mâchoires de l'instrument autour de la tête de la créature — lui paraissait maintenant déraisonnable : il ne pourrait jamais les ouvrir suffisamment, et cette chose était beaucoup trop remuante. Mais il pouvait néanmoins l'extirper de là — et c'est ce qu'il fit.

La tête humide, avec ses cheveux et sa barbe noire, émergea entre les branches de l'instrument. La bouche minuscule était ouverte, dévoilant les dents pointues. La créature dardait une langue fourchue dans sa direction.

De la main gauche, il la saisit derrière la tête. Il sortit lentement le corps qui se contorsionnait furieusement, et plaça la tête sur le tabouret.

Pao avala péniblement sa salive. Apparemment, il avait cru jusqu'ici que Childe allait arracher brutalement la créature à ses racines utérines, ce qui aurait eu pour effet de disjoindre à nouveau les parties du corps de Vivienne.

— Le couperet, dit Childe.

Vivienne le regarda sans ciller s'emparer de l'instrument.

Childe se tourna vers O'Brien :

— Injectez-lui la dose de morphine adéquate, dit-il. Vous savez comment vous y prendre, n'est-ce pas ?

— Oui, dit O'Brien. Vous vous êtes rendu compte que je suis médecin. Mais cette morphine sera inopérante sur Vivienne.

— Je ne veux pas lui infliger de douleur physique, dit Childe. Enfin, aussi peu que possible. De quel autre anesthésique disposez-vous ? Je veux qu'elle soit consciente pour voir ça.

— Ne vous occupez pas de moi, dit Vivienne. Finissez-en ! Je veux ressentir totalement la séparation !

Il ne lui demanda pas ce qu'elle voulait dire par là. Il regarda une dernière fois la créature-serpent, qui se tordait en sifflant. Puis il leva le couperet, et l'abattit sans hésiter sur la nuque flexible.

Le sang gicla à travers la pièce. La tête dégringola du tabouret et roula à terre. Pao la ramassa et la déposa à côté du corps d'où le sang continuait à jaillir à flots. La bouche remua, et les yeux se fixèrent sur Childe, comme pour lui lancer une dernière malédiction. Puis ils se voilèrent, et les lèvres se figèrent.

Le visage de Vivienne était devenu gris. Elle avait gardé les yeux ouverts, mais ils étaient totalement révulsés.

O'Brien passa un onguent sur la partie amputée. Le flot de sang se tarit aussitôt. Il s'agissait sans doute d'une pommade ignorée de la médecine terrestre, qu'O'Brien se gardait bien d'utiliser quand il exerçait à Beverly Hills.

O'Brien pansa le corps décapité, et l'on emmena Vivienne. Le tronc reptilien resta à se balancer, traînant sur le sol, jusqu'à ce qu'un des hommes le rammasse pour le reloger entre les jambes de Vivienne.

Deux femmes entrèrent et se mirent en devoir de nettoyer. Pao dit :

— Que devons-nous faire de la tête ?

— Jetez-la aux ordures.

— Très bien, dit Pao. Serez-vous prêt pour la cérémonie ce soir ?

— J'essaierai, dit Childe. Vous savez, Breughel m'a pompé.

— Breughel soutient que c'est vous qui l'avez entraîné au lit, dit Pao.

— J'aurais cru que son devoir était de trouver une excuse pour se dérober. Il savait que je devais être plein à bloc pour ce soir.

— Certes. Mais la tentation était si grande. Et c'est vous qui avez insisté. Toutefois, si vous le désirez, Breughel sera exécuté.

— Qu'il vive, dit Childe. Et maintenant, si vous n'y voyez pas d'inconvénient, je désirerais être seul. Vraiment seul avec moi-même. Débranchez tout, sauf l'interphone, naturellement. Ne m'apportez aucune nourriture sans que je vous le demande. J'ai besoin de méditer, et peut-être de dormir un peu.

— Il en sera fait comme vous voudrez, dit Pao.

Childe s'assit et entreprit de mettre de l'ordre dans ses idées. Il avait envisagé de se plier aux exigences des Ogs, jusqu'à les reconduire sur leur planète natale. Puis il avait eu l'intention de les débarquer sur une autre planète. Comme des naufragés collectifs. Ils se seraient retrouvés sur un monde où la vie pourrait se maintenir, mais au prix de dures épreuves. Alors, il les aurait laissés à leur sort.

Pao lui avait expliqué certains des effets du Graalage, et il savait qu'il pourrait pendant la cérémonie du voyage explorer une partie du Cosmos. Comment, il l'ignorait encore, mais Pao lui avait donné l'assurance que le cosmos lui était ouvert. Ce qui voulait dire qu'il pourrait se rendre sur n'importe quel monde qu'il aurait aperçu au cours de la cérémonie. L'idée lui faisait plutôt peur, et il avait eu la franchise de l'avouer à Pao. Mais il s'était vu répondre que toutes ses craintes s'évanouiraient au cours de la cérémonie, car le Pouvoir lui donnerait le Courage.

Mais il avait désormais changé d'avis. Tout ce qu'il voulait, c'était quitter cette maison. Il n'y tenait plus. Cette séance de décapitation l'avait écœuré au-delà de toute expression : à leur contact, il devenait un Og. Leur froide cruauté commençait à déteindre sur lui. Il devait partir.

Une heure passa ainsi. Puis réalisant qu'il ne lui restait pas beaucoup de temps pour exécuter son plan, il se leva, passa dans la salle de bains et ouvrit tous les robinets. S'aidant d'une lime à ongles, il dévissa la grille qui couvrait l'écoulement de la douche et obtura l'orifice avec des draps. Il ferma la bonde de la baignoire et du lavabo. Puis il inspecta la pièce, en quête d'armes ou outils. Les Ogs avaient repris les tenailles et le couperet.

La statuette de jade était ce qui ressemblait le plus à une arme : il pourrait toujours s'en servir comme d'une massue. Et avec elle, il serait à même d'écouter tout ce qui se disait sur le système de communications intérieures, puisqu'elle n'avait pas besoin de fil pour fonctionner.

Il poursuivit ses investigations, dans l'espoir de trouver d'autres objets utilisables, mais sans succès. Il s'installa alors sur le lit, et attendit. Il faudrait un bout de temps pour que l'eau arrive au niveau du baldaquin, qu'il gagnerait au dernier moment : l'ouvrage massif était très capable de supporter son poids.

Les heures passèrent. L'eau déborda de la salle de bains et se mit à envahir le sol de la chambre. Elle montait avec une lenteur exaspérante. Mais le moment vint enfin où il dut se hisser sur le baldaquin.

La statuette qu'il tenait en main parla :

— Capitaine, c'est l'heure du dîner. Désirez-vous quelque chose à manger ?

— Rien pour le moment ! répondit-il (Il évalua mentalement le temps que mettrait l'eau à atteindre le niveau du baldaquin.) Dans une heure environ. Je prendrai la même chose qu'hier soir ! A propos, à quelle heure commence la cérémonie ?

Il y eut un silence, puis une voix dit :

— Vers neuf heures, Capitaine. Ou plus tard, si vous préférez.

— Je crois que je vais faire un petit somme, dit-il. N'oubliez pas de m'éveiller dix minutes avant de m'apporter le dîner.

Quand l'eau en vint à lécher le tissu, lui trempant le postérieur, il partit à la nage à travers la pièce. La porte de la salle de bains était maintenant presque totalement submergée. Il plongea pour émerger de l'autre côté, dans la poche d'air comprise entre la surface et le plafond. La lampe fonctionnait toujours, lui permettant de distinguer le fond de la pièce à travers l'eau claire. Il ferma tous les robinets en une seule plongée et remonta à la surface. Il plongea à nouveau pour passer sous l'encadrement de la porte et regagner le lit à colonnes.

Au moment où il se hissait sur le baldaquin, il ressentit une violente secousse. La masse d'eau glissa vers une extrémité de la pièce, comme si la maison avait été ébranlée, puis reflua.

Devant cet inexplicable phénomène, il connut un instant d'angoisse. Qu'est-ce qui avait bien pu se passer ?

La voix dit :

— Capitaine ! Ne vous inquiétez pas pour cette secousse si vous l'avez ressentie ! Ce n'est pas un tremblement de terre ! Nous pensons que c'est le devant de la maison qui a cédé ! Nous allons tout de suite nous rendre compte des dommages ! Mais ne vous alarmez pas ! La maison est à au moins quinze mètres du bord de la falaise !

Ils étaient tous si obnubilés par la cérémonie qu'ils avaient oublié le déluge et ses conséquences possibles. Les autres maisons glissaient, se démantelaient, dévalaient le sol miné des collines qui les supportaient. Mais les Ogs se sentaient étrangers à tout cela. Ils avaient en tête des préoccupations autrement importantes.

Childe se dit qu'une chance inespérée lui était fournie. Si une bonne partie d'entre eux se trouvaient au dehors pour évaluer les conséquences du glissement de terrain, ce serait autant d'adversaires en moins.

Il lança dans la statuette :

— Je dînerai maintenant, sans plus attendre.

La voix objecta :

— Mais, Capitaine, ce n'est pas prêt.

— Bon. Envoyez-moi quelqu'un. La secousse a fait éclater un tuyau, et je suis inondé.

— Certainement, Capitaine.

Il attendit. La statuette calée entre sa ceinture et son estomac, il était à la fois tendu et confiant. Sous la pression de l'eau, la porte devait s'ouvrir encore plus rapidement que d'habitude.

L'érosion provoquée par l'eau sur la colline avait joué un rôle déterminant dans la brusque secousse qui avait fait trembler la maison. Mais la masse liquide enfermée dans sa chambre y avait aussi contribué. Il ne restait plus maintenant qu'à espérer que tout se passe bien.

Soudain, la porte s'ouvrit. Il y eut un cri, couvert par le rugissement de l'eau qui s'engouffrait à travers le seuil, bouillonnant et écumant pour se déverser au dehors.

Après une brève hésitation, Childe plongea. Le courant l'emporta jusqu'au seuil qu'il franchit en se meurtrissant au passage les côtes et les hanches. Il alla percuter le mur sur le côté opposé du couloir et fut projeté dans le passage, impuissant à diriger le mouvement qui le faisait tourbillonner sur lui-même. La maison avait dû s'incliner légèrement, en direction de la route, quand la secousse s'était produite. Le flot semblait s'orienter en majeure partie de ce côté.

Chapitre XXII

L'eau s'engouffrait à travers le trou du plancher, en cataracte, martelant l'étroite plate-forme qui tremblait et tressautait, comme sur le point de se rompre. Le radeau fut pris d'un tel mouvement tourbillonnaire que plusieurs de ceux qui tentaient de s'y raccrocher furent écrasés entre lui et la paroi.

Se maintenant tant bien que mal sur le radeau, Forry se dit que la maison avait de nouveau glissé sur la pente. Et cette fois serait la bonne : elle allait dévaler la colline, engloutissant sous des tonnes de boue tous ses occupants - à commencer par ceux qui se trouvaient coincé dans ce puits souterrain !

Et comble de guigne, s'étant débarrassés de leurs bouteilles d'air, ils n'avaient même plus la ressource de s'échapper par la voie qu'ils avaient empruntée pour venir.

A moins que... ? Il était difficile de conserver une pensée cohérente avec toute cette eau qui s'engouffrait en rugissant à travers le trou et ce radeau animé d'un mouvement incessant. Les tourbillons écumants qui se creusaient de toute part empêchaient Forry de distinguer grand-chose, mais il lui avait paru que la traversée du tunnel avait été très brève, et il n'aurait pas à parcourir sous l'eau toute la longueur de la piscine : il pourrait faire surface immédiatement.

Mais la seule idée de s'engager dans le boyau dont les parois pouvaient céder à tout moment lui ôtait tout courage : ici, la situation n'était pas brillante, mais au moins se trouvait-on relativement à l'abri.

A présent, toutes les lampes étaient éteintes et l'obscurité la plus totale régnait.

Tout d'un coup, bien que le radeau poursuivît son mouvement de rotation, la turbulence de l'eau se calma notablement. Une lumière s'alluma, puis une autre. Cette dernière provenait du trou découpé dans le plancher. L'eau continuait à couler, mais ce n'était qu'un ruisselet comparé au torrent qui s'était déversé sur eux.

Hindarf les conjurait de garder leur calme. Par miracle, il était indemne.

Sous ses directives, ils dressèrent à nouveau l'échelle, et Hindarf commença à gravir les barreaux. D'autres s'engagèrent à sa suite. Quelqu'un pressa Forry d'en faire autant. Forry maugréa, mais s'exécuta. Passant la tête par-dessus le plancher, il découvrit une chambre à coucher dévastée par une inondation. L'unique issue était bloquée par un amas de meubles, des chaises, des tables, et un lit, que le courant avait entraînés avec lui.

Les Tocs se démenèrent comme des beaux diables pour dégager l'entrée. Hindarf et un autre Toc se mirent en quête de Childe, mais il fallut se rendre à l'évidence : il ne se trouvait nulle part dans la pièce.

— Que s'est-il passé ? demanda Forry.

— Je l'ignore, répondit Hindarf. Mais je jurerais que Childe, ou celui qu'on retenait ici prisonnier, a volontairement inondé cette chambre. Quand on a ouvert la porte, il est sorti en profitant du flot. Peut-être est-il parvenu à s'échapper.

— Très bien ! dit Forry. Dans ce cas, nous n'avons plus rien à faire ici.

Hindarf plongea son regard dans le corridor jonché d'épaves. Des tables, des vases et un tapis tout recroquevillé s'amoncelaient à l'endroit où le couloir s'incurvait. Sous le choc de l'eau, un pan de mur avait cédé. Un homme gisait là, la nuque brisée. Les Tocs le reconnurent aussitôt : c'était Glinch, un Og qui avait jadis semé la terreur dans l'Allemagne médiévale par ses exploits de loup-garou. Au cours des vingt dernières années, il avait travaillé au service des impôts de Los Angeles.

Hindarf donna des ordres brefs. Une partie de l'effectif des Tocs se répandrait dans le corridor pour tenter de retrouver la trace de Childe, des prisonniers Tocs et du Graal. Lui, Ackerman et le reste du groupe prendraient la direction opposée.

Alors qu'ils se séparaient, une nouvelle secousse les arracha au sol. Des grincements et craquements sinistres se firent entendre dans la maison.

— Vite ! dit Hindarf. Il se peut que nous n'ayons pas beaucoup de temps !

Ils enfoncèrent une porte bloquée par les murs déformés. Derrière, ils trouvèrent les trois prisonniers Tocs, nus, affamés, l'air terrorisés. Dans la pièce suivante, ils tombèrent sur Vivienne, que tout le monde identifia immédiatement, à l'exception de Forry. Elle était étendue sur un lit, gémissante, le corps couvert d'un drap. Hindarf arracha le drap, et Forry sentit ses yeux lui sortir de la tête : un pénis de près d'un mètre de long, amputé du bout, émergeait du sexe de la jeune femme.

— Ainsi donc, quelqu'un a fini par tuer Gilles de Rais... observa Hindarf.

— Childe..., gémit Vivienne.

— Où est-il ?

Elle grogna et secoua la tête. Hindarf allongea le bras et tira brutalement sur la chose qui s'étalait entre ses jambes. Ce qui se produisit ensuite, Forry ne l'oublierait jamais.

Hindarf ramassa le con aux multiples pattes et le projeta contre le mur. « Voici pour votre collection », dit-il en tendant à Forry la tête qui gigotait de toutes ses pattes. Forry recula, puis tourna les talons et s'enfuit en courant.

Des cris, des coups de feu, des hurlements résonnaient dans la maison. Comme un fou, Hindarf bouscula Forry et dévala le couloir à toute allure, imité par les autres Tocs. Forry suivit le mouvement et aboutit dans une immense pièce où une douzaine de Tocs se trouvaient aux prises avec dix Ogs. L'enjeu de la bataille semblait être un cube de verre renfermant une coupe de métal qui luisait faiblement.

D'un coup de pied, un Toc renversa le cube qui s'écrasa à terre, entraînant dans sa chute la coupe et le piédestal. Il y eut une furieuse mêlée pour la possession de l'objet, puis le sol trembla soudain au bruit assourdissant des poutres qui craquaient tout près de là. Le cube glissa à l'autre bout de la pièce tandis que les combattants, cul par-dessus tête, prenaient le même chemin.

Forry ne fut pas épargné. Il glissa à plat ventre sur plus de trois mètres. Le frottement brûla la peau de ses paumes et de ses genoux, mais il ne ressentit rien sur le moment. La coupe, éjectée du cube, vint s'immobiliser à trente centimètres de sa tête.

— Ramassez-la et sauvez-vous ! hurla Hindarf, avant qu'une Og, en qui Forry reconnut Panchita Pocyotl, ne se jette sur lui par-derrière pour le projeter à nouveau à terre.

Jamais Forry n'aurait touché à la coupe s'il avait été conscient des conséquences de son acte. Mais, stimulé par le cri d'Hindarf, il se remit tant bien que mal sur pieds, serrant le précieux objet contre sa poitrine. Malgré son état d'excitation, il nota la soudaine chaleur qui l'envahissait, et l'espèce de pulsation qui animait l'objet. Il se sentit empli d'une vigueur nouvelle, tandis que tout son courage lui revenait.

Oubliant son cœur, il se mit à courir. Comme il enfilait le hall, un bruit terrifiant retentit : il y eut des gémissements, des craquements suivis d'un roulement de tonnerre. Le sol se déroba sous lui. Il tomba, mais ne lâcha pas la coupe.

La pièce semblait basculer complètement sur elle-même. Il allait heurter le plafond quand celui-ci s'ouvrit avec un bruit de tonnerre. C'était maintenant le noir complet. Puis la lueur d'une lampe de poche perça les ténèbres (un Og qui venait de pénétrer dans la maison ?) projetant une vague lueur sur la coupe et l'espace environnant.

A moitié sonné, Forry vit la coupe glisser hors de son atteinte. Une silhouette sombre s'élança dans le cercle de lumière et plongea en direction de l'objet. Comme elle ne portait pas de vêtement de plongée et qu'il ne s'agissait pas de Childe, ce ne pouvait être qu'un Og.

Forry décocha un coup de pied à l'Og qui se relevait avec un cri de triomphe, serrant la coupe contre sa poitrine. Le pied nu — Forry s'était depuis longtemps débarrassé de ses palmes — atteignit l'Og sous la fesse droite. En même temps, la maison fit une nouvelle embardée et l'Og, hurlant, alla voler au loin, lâchant la coupe qui passa à travers une porte en train de se disloquer.

Un torrent de boue humide et froide souleva Forry et lui fit à son tour franchir le seuil avant que celui-ci ne s'effondre sur lui-même. Il traversa une autre pièce, comme une savonnette échappée aux mains mouillées d'un quidam prenant son bain. Il vit la coupe surgir devant lui, chevauchant la crête d'une vague de boue. Il lança désespérément un bras en avant, s'en empara et la plaqua contre sa poitrine, malgré la terreur croissante qui l'envahissait.

Puis il se retrouva face contre terre. La boue le recouvrit, obstruant sa bouche et ses narines. Suffoquant, il tenta d'échapper à la mort lente qui le menaçait.

Quelque chose le frappa sur le côté de la tête, et il sombra dans les ténèbres silencieuses encore plus noires et muettes que la boue.

Chapitre XXIII

A moitié assommé par sa première rencontre avec le mur à l'angle du corridor, Childe, toujours porté par le flot, roulé en tout sens par les remous, s'engouffra dans un autre couloir : au bout se trouvait la porte d'entrée et, sur le côté, s'ouvrait une vaste pièce. A cet endroit, les eaux se séparaient : une partie se ruait en grondant vers le seuil dont la porte avait été arrachée, l'autre se déversait dans la pièce.

Divisé en deux, le flot avait notablement perdu de sa force. Se cognant les genoux et les mains à l'encadrement de la porte, Childe franchit le seuil et se retrouva au bas des marches de la véranda. Chancelant sous le poids de l'eau qui se déversait sur son dos, il s'écarta en rampant, puis se remit sur pieds. Il fit deux pas, et poussa un cri en se sentant tomber. Il atterrit dans la boue d'un talus en pente raide et glissa quelque temps sur le ventre avant de se retrouver plongé jusqu'aux épaules dans la matière visqueuse. Il lutta pour se dégager et parvint à se remettre sur le dos.

De la lumière s'échappait encore de la porte fracassée. Il ne pouvait pas rester là. L'édifice oscillait en gémissant, et la boue qui dégoulinait tout autour de lui laissait présager un nouveau glissement d'une ampleur encore plus grande.

Malgré son extrême fatigue, Childe se retourna sur le ventre, glissa, se mit tant bien que mal sur pieds et, pataugeant dans la boue, s'éloigna aussi vite que possible de la masse menaçante du bâtiment. Il rencontra à un moment un corps solide, qu'il aurait pris pour un gros caillou s'il n'avait poussé un gémissement. Il s'agenouilla et sentit sous ses doigts la rotondité d'une tête de femme enterrée jusqu'au cou.

— Qui est-ce ? dit-il.

— C'est moi, dit la femme.

— Qui ça ?

— Diana Rumbow. Qui êtes-vous ? Aidez-moi ! Sauvez-moi !

Un torrent de boue déferla soudain, qui couvrit ses chevilles. Il leva les yeux, mais ne put distinguer grand-chose, si ce n'est que la maison semblait pencher encore un peu plus. Soudain, toutes les lumières s'éteignirent et un grincement déchirant se fit entendre.

Childe reprit sa progression titubante. Dégager la femme aurait pris beaucoup trop de temps, et la maison pouvait dégringoler à tout moment. Par ailleurs il ne devait rien à une Og qui méritait cent fois la mort.

Quand il jugea avoir mis suffisamment de

distance entre lui et la maison, il se retourna : à cet instant précis, la grande bâtisse gémit de toutes ses membrures et glissa sur la pente de la colline. Malgré l'obscurité toujours aussi dense, Childe put voir qu'elle avait basculé sur le côté, tant l'éboulement avait été rapide.

Un instinct le poussait à courir aussi vite que possible vers les ruines, mais il se sentait trop secoué, vidé. Il s'assit dans la boue et eut envie de pleurer. Au bout de quelque temps, il se releva et reprit sa marche à travers la boue, enfonçant jusqu'au genou à chaque pas. Il aurait pu aller plus vite, mais il craignait de ne plus pouvoir se dégager s'il plongeait trop brutalement la jambe dans le bourbier.

Le premier corps qu'il rencontra fut celui de Forry Ackerman. Il gisait à plat dos sur la couche de boue, s'enfonçant peu à peu. Son visage était maculé de terre humide, mais il avait gardé ses lunettes. Les phares d'un véhicule qui escaladait la colline l'éclairait d'une manière diffuse.

— Forry ? dit Childe sur un ton incertain.

Les lèvres couvertes de boue s'ouvrirent sur des gencives envahies par la boue.

— Ouiii !

— Vous êtes vivant ! s'exclama Childe. Qu'est-ce que vous foutez là ? Que s'est-il passé ?

— Aidez-moi d'abord à sortir de là, dit la statue de boue.

Childe le remit sur pieds, mais Forry se laissa retomber à genoux pour explorer à tâtons le terrain autour de lui. A présent, le véhicule qui arrivait avait atteint le sommet de la côte et ses phares projetaient une clarté plus nette sur la scène. Mais Childe ne voyait rien qui pût ressembler à l'objet des recherches de Forry.

— Je l'avais ! Je l'avais ! gémissait ce dernier.

— Quoi ?

— Le Graal ! Le Graal !

— Vous l'aviez ? Comment ? Qu'est-ce qui se passe, Forry, expliquez-moi ?

Continuant à farfouiller dans la boue et entrecoupant son discours de jurons bien peu dans sa manière, Forry lui expliqua.

Childe le remit sur pieds.

— Ecoutez, vous n'arriverez à rien dans ce gâchis. Mieux vaut regagner la maison, si nous y parvenons, pour tenter de retrouver nos amis. Si amis il y a.

Forry releva vivement la tête :

— Que voulez-vous dire par « Si amis il y a » ?

— Que savons-nous vraiment des Tocs, vous aussi bien que moi ? rétorqua Childe. Ils ont été corrects à notre égard, mais ils avaient de très bonnes raisons pour cela. Les Ogs eux-mêmes ont mis de l'eau dans leur vin quand ils ont découvert qu'ils avaient besoin de mon aide. Alors...

— Je dois retrouver ce Graal ! dit Forry. Je veux aller sur la planète des Tocs ! C'est une chance qui ne se représentera jamais plus !

— Très bien Forry, dit Childe. On va se débrouiller, d'une manière ou d'une autre.

D'ailleurs je tiens autant que vous à le retrouver. Je commence à en avoir ma claque de cette histoire. Mais d'abord, il faut essayer de voir s'il y a des rescapés dans la maison : après tout, Tocs ou Ogs, humains ou pas, ce sont des êtres qui souffrent, et qui ont besoin d'aide.

Le conducteur du véhicule s'était approché autant qu'il le pouvait. Quatre personnes descendirent de la voiture et s'enfoncèrent dans la boue pour les rejoindre. A l'issue d'un laborieux échange de répliques de chaque côté, il s'avéra que les nouveaux arrivants étaient des Tocs. Ils avaient été rappelés de l'autre bout du monde et débarquaient à l'instant.

— A votre place, Capitaine, dit leur chef, un certain Tish, je ne perdrais pas mon temps à chercher le Graal. Concentrez-vous dessus, et il brillera. Il brillera d'un éclat visible à travers des tonnes de boue.

Chapitre XXIV

Les Tocs et les Ogs avaient loué un local.

Sur plus des deux tiers de sa surface, le vaste plancher de la salle de bal de l'American Legion avait été découpé en carrés. Sur le tiers restant se trouvaient regroupés la centaine de survivants des deux camps. Il y avait encore Childe et le Graal sur son piédestal. Et Forry Ackerman, admis à titre d'observateur neutre : quand le moment du voyage serait venu, il entrerait sous l'influence directe du Pouvoir et, si tout se passait bien, gagnerait avec les autres son billet pour les étoiles.

Childe avait pris place sur un siège, face au Graal. Au fond, les Tocs et les Ogs étaient alignés par rangées de douze. Tous les occupants de la salle étaient nus.

S'ils étaient tous là, c'est parce que Childe l'avait exigé : il n'accepterait de les ramener sur leur planète respective qu'à condition qu'ils observent une trêve pour participer ensemble à la cérémonie.

Ils n'avaient pas mis très longtemps à trouver un terrain d'entente.

Childe nourrissait encore des doutes sur son aptitude à leur faire franchir les espaces intergalactiques. Mais il espérait que cela marcherait : ne serait-ce que pour débarrasser la Terre d'un certain nombre de monstres, réels ou potentiels. Si seulement il avait eu affaire à des êtres moins antipathiques...

Hindarf et Pao ayant trouvé la mort sous un enchevêtrement de poutres et quelques tonnes de boue, Tish avait été désigné comme maître des cérémonies. C'était lui qui s'était chargé de dissuader les autorités d'aller fouiller dans les ruines. En graissant un bon nombre de pattes, il était parvenu à tenir la police et autres services concernés à l'écart de l'affaire, tandis que les Tocs et Ogs survivants enterraient discrètement leurs morts.

A présent, Tish appelait les couples, un par un, pour que la cérémonie puisse commencer. Quand la femme était une Og, l'homme était un Toc, et réciproquement. Quatre femmes, qui n'avaient pu trouver d'homme s'accoupleraient entre elles.

Hommes et femmes s'approchaient de Childe, s'agenouillaient devant lui, touchaient ses organes génitaux, embrassaient son pénis et se relevaient. Childe fixait le Graal, sentant son membre se durcir, un peu plus à chaque contact. Bientôt il atteignit sa rigidité maximum. Le Graal se mit à briller rythmiquement, en accord avec les pulsations qui animaient la bitte du Capitaine.

Le Graal brillait d'un éclat de plus en plus vif, au point que Childe fut bientôt le seul à pouvoir l'affronter directement. La lumière traversait ses yeux, irradiait sous son crâne, mais il distinguait toujours le Graal et la foule assemblée derrière.

Enfin, Tish s'approcha, s'agenouilla, caressa la pine et les couilles du Capitaine avant d'embrasser le gland luisant. Du nombril aux genoux, le corps de Childe s'était transformé en glace, et le membre était agité de petites secousses, tandis que le foutre demandait de plus en plus impérieusement à se répandre au dehors. Il fit signe à une délicieuse femme Thai — une Toc — qui se précipita pour prendre sa pine dans sa bouche. Immédiatement, l'homme qui avait été son partenaire vint la rejoindre, se laissa tomber entre ses cuisses et enfouit son visage dans le con. Une autre femme se mit à quatre pattes et entreprit de lui sucer la bitte ; un homme se mit à la sucer ; une femme se glissa entre les jambes de ce dernier et avala son dard ; un homme glissa sa langue dans la fente de cette dernière ; une femme se plaça sous lui pour s'affairer sur le bout de son nœud ; et ainsi de suite, jusqu'à former une chaîne où la dernière femme, couchée sur le dos, taillait une pipe, le con vacant.

Tish remonta la file d'hommes et de femmes gémissant, lappant, grognant, se contorsionnant sur le sol, monta sur la dernière femme et introduisit avec quelques difficulté sa pine dans la fente.

En entamant son mouvement de va-et-vient, il se mit à parler dans une langue étrange. C'était une sorte de psalmodie et, sur le moment, Childe comprit les mots qu'il employait — sur le moment, parce qu'il fut totalement incapable de les traduire par la suite.

Il demeurait immobile, laissant la bouche de la femme s'occuper de son gland, sentant la langue s'enrouler autour de la hampe, tandis que l'extase montait sans cesse en lui. Soudain, il poussa un petit cri et déchargea. Le Graal parut prendre feu : il rayonnait une lumière qui ne laissait pas un recoin d'ombre dans la salle. Tish continuait à psalmodier. Apparemment, il n'avait pas encore joui. Puis, alors que la pine de Childe, agitée d'une dernière secousse, laissait échapper la dernière goutte de liquide, Tish poussa un grand cri.

Au-dessus des carrés tracés sur le plancher, l'atmosphère s'assombrit. De petits nuages se formèrent. Un froid soudain se répandit dans la pièce, faisant frissonner les corps brûlants trempés de sueur. Un vent s'éleva, comme si l'air se déplaçait en direction des caillots d'obscurité qui s'étaient formés au-dessus de chaque carré. Ce fut d'abord une légère brise, qui en moins d'une minute se transforma en ouragan sifflant furieusement à travers toute la salle, faisant trembler les vitres. Des tourbillons de poussière s'élevaient du sol, comme autant de cyclones miniatures.

Le Graal continuait à émettre un éclat insupportable, bien que Childe eût cessé d'éjaculer.

Mais sa lumière ne supprimait pas les ombres au-dessus des carrés : elle semblait au contraire les renforcer.

Le premier que Childe reconnut fut Igescu, le Og qu'il avait tué dans son cercueil de chêne en lui enfonçant une épée à travers le cœur. Le corps avait ensuite été réduit en cendres dans l'incendie qui avait ravagé la grande bâtisse. Childe ne se serait jamais attendu à revoir le long visage étroit au front haut, aux épais sourcils, et aux pommettes saillantes — pas plus d'ailleurs que la pine longue et maigre.

Puis ce fut Magda Holányi, la splendide femme-serpent.

Puis Hindarf, flanqué de Pao.

Tous les corps étaient nus, et leur aspect indubitablement humain.

Mais où était Dolores del Osorojo, le délectable « fantôme » hispano-californien qui, après s'être littéralement baisée elle-même pour retrouver sa matérialité de chair et de sang, avait été tuée et transformée en poupée gonflable par les Ogs ?

Il l'aperçut dans un carré au milieu de la foule. Elle était aussi belle vêtue de sa seule impudeur qu'elle l'avait été dans sa robe du dix-neuvième siècle. Elle lui souriait, et ses hanches ondulaient, comme pour éveiller chez Childe des échos du passé.

L'air se réchauffa, et le vent tomba.

Des voix nombreuses résonnaient dans la salle. Les vivants de tout à l'heure et les ressuscités de fraîche date bavardaient, criaient, riaient.

Tish attendit cinq minutes, puis réclama énergiquement le silence.

L'assistance se tut lentement, comme à regret : Tocs et Ogs partageaient avec les humains le besoin d'exprimer des émotions longtemps refoulées.

— Et maintenant, le Voyage ! lança Tish.

Tous les visages étaient tournés vers lui, avec une expression grave et attentive. Du coin de l'œil, Childe aperçut Forry, installé sur son siège. Les yeux exorbités, il transpirait abondamment : pour lui l'heure du choix était venue. S'il décidait de partir, il n'aurait qu'à s'avancer jusqu'au milieu de la pièce, où il serait automatiquement emporté.

Tish n'avait guère aimé l'idée de laisser Forry en dehors de la cérémonie, mais il avait fini par reconnaître que la non-participation de ce dernier n'aurait qu'un effet négligeable sur l'activation du Graal.

Tish ordonna à une femme d'apporter un récipient empli d'un liquide sombre. La femme prit position à la gauche de Childe non sans lui avoir à nouveau embrassé le pénis, Tish s'installa de l'autre côté et la deuxième partie de la cérémonie commença. La femme aspergea les organes génitaux du Capitaine de quelques gouttes de liquide et les couples recommencèrent à défiler. Une personne sur trois trempait le doigt dans le récipient pour le passer sur les lèvres de Childe. On aurait dit du miel, avec un léger arrière-goût de lait caillé. Quand le récipient fut vide, Tish le fit remplir à nouveau, et la cérémonie se poursuivit.

Le Graal continuait à briller d'un éclat rythmique. La lumière blanche qu'il émettait commençait à affecter Childe. Non qu'elle l'aveuglât, ou le rendit moins capable de distinguer ce qui se passait autour de lui, mais des scènes étranges traversaient son esprit. Pour la plupart, c'était l'image de la surface d'une autre planète, mais à plusieurs reprises il passa très vite à proximité d'une étoile qui émettait une lumière rouge, verte ou ambrée. Il avait l'impression de se trouver à moins d'une centaine de milliers de kilomètres des gigantesques luminaires. Et pourtant, il ne ressentait aucune chaleur : au contraire, un froid glacial envahissait ses os.

Tish reprit ses incantations dans la langue étrangère. Childe fit signe à Dolores, qui accourut, l'air ravi, ses seins lourds tressautant au rythme de sa course. Elle se mit à genoux et, en pleurant, plaqua son visage sur le bas-ventre de Childe. Puis elle entreprit de sucer le membre flasque. L'effet fut immédiat : Childe sentit son sexe se dresser et se mettre à trembler, tandis qu'une douce chaleur se répandait au-dessous de son nombril.

Les pulsations lumineuses du Graal s'accélérèrent tandis que les étranges visions se faisaient plus nombreuses et plus variées.

Dolores suçait avec un entrain croissant, agitant avec conviction sa tête d'avant en arrière. Igescu surgit derrière elle, la souleva un peu et lui enfonça sa longue bitte entre les fesses. Plugger s'agenouilla derrière Igescu et fourra sa langue dans la raie.

Malgré les deux corps qui s'interposaient entre lui et Plugger, Childe ressentit la secousse électrique. Il forma des vœux pour que les autres reforment rapidement la chaîne : il sentait qu'il n'allait pas tarder à jouir. Et si la chaîne n'était pas complète, ou presque, à ce moment-là, il faudrait tout recommencer.

La pièce se mit à tournoyer. Les corps nus des hommes et des femmes parurent céder à une force invincible qui les entraînait vers le bord d'un disque animé d'un mouvement de rotation accéléré. On ne distinguait plus qu'un carroussel de bittes s'enfonçant dans des cons, des bouches et des culs.

Il y avait aussi Vivienne. Et en sa compagnie, un homme de haute taille, avec une barbe noire et des yeux flamboyants : Gilles de Rais. Il s'était matérialisé sous son apparence originelle et enfonçait sa pine entre les fesses écartées d'un homme blond et mince qui suçait Vivienne.

Puis Vivienne, Gilles et les autres gagnèrent les bords du plateau tourbillonnant qui avait jadis été la salle de bal. Des éclairs fusaient du Graal — rayons de lumière blanche, brusques jaillissements écarlates, fulgurations émeraude, épées pourpres aux bords déchiquetés. Les traits de feu s'élevaient jusqu'au plafond, s'y réfléchissaient, redescendaient en spiralant pour aller frapper les corps nus des hommes et des femmes emmêlés, retombaient sur le sol comme des stalactites multicolores.

Childe sentit le fluide gris se ruer en lui à une vitesse folle. Mais quand il abaissa son regard, il ne vit que les lèvres rouges de Dolorès, pareilles à un con détaché du corps, qui entouraient sa pine. Il pouvait distinguer l'intérieur de son propre corps ; le liquide gris s'était mué en une colonne de mercure rouge qui montait comme dans un thermomètre jeté dans une fournaise. Au terme de son ascension vertigineuse, le liquide rouge jaillit entre les lèvres rouges détachées du corps, fusa en une explosion de poudre à canon écarlate.

Le Graal explosa silencieusement dans un nuage pourpre et jaune qui se diffusait en tous sens, tandis que volaient des morceaux de métal resplendissant d'un intense éclat blanc.

CHAPITRE XXV

Jusqu'au dernier moment, Forry fut incapable de prendre une décision.

Au début, l'orgie lui avait causé un sentiment de dégoût : c'était une chose que de voir ça dans les films spécialisés, mais le voir dans la réalité le mettait vraiment mal à l'aise, à la limite de l'écœurement. Au bout de quelque temps toutefois, la magie de la sexualité déchaînée, des orgasmes sans contrainte, des pénis, des vagins, des anus et des bouches copulant frénétiquement, commença à opérer. Il fut même pris de jalousie à la vue d'Alys Merrie qui suçait l'énorme membre violacé d'un grand Amérindien, et faillit céder à la tentation de quitter son siège pour plonger dans la mêlée, dans cet océan furieux de poils et de chair.

Mais il décréta qu'il était trop inhibé, et opta pour l'abstention — ou l'abstinence ?

Néanmoins, il était sensible aux vibrations : il forma des vœux pour que la cérémonie ne se prolonge pas trop, sans quoi il pourrait bien jeter ses préventions par-dessus bord.

Quelques instants plus tard, il commença à partager les visions de Childe — car seul celui-ci pouvait être à l'origine du phénomène. Oui, c'était ça : Childe et le Graal avaient établi un contact neural à base psychosexuelle, et de cette rencontre naissait l'étrange force qui se diffusait à travers toute la salle.

Les visions fugitives de mondes étrangers, c'étaient les œuvres de Bonestell, Paul, Sime, Finlay, St. John, Bok, Emshwiller et autres grands illustrateurs de science-fiction, mais en trois dimensions, devenues vivantes et palpables. L'art devenait réalité.

Les mots n'étaient que des tranches : comme si Childe était en train de découper le gâteau cosmique en petits morceaux qu'il lui jetait.

Il jaillit de son siège et, d'une démarche mal assurée, se dirigea vers l'inextricable mêlée des corps qui s'accouplaient et se séparaient pour se lancer dans de nouvelles fornications. Il n'avait que quelques pas à faire, mais il lui sembla qu'une distance énorme le séparait des corps qui se tordaient dans la splendeur déchaînée par le Pouvoir du Graal.

Il fallait qu'il se hâte. L'Enfant arrivait, l'Enfant allait jouir. S'il tardait encore, s'il n'entrait pas dans son éclat, il se retrouverait, nu et seul dans la vaste salle de l'American Legion, n'ayant plus que ses yeux pour pleurer. Pareille chance ne se représenterait pas : Forry Ackerman, premier homme admis à découvrir les mondes étrangers et mystérieux d'une autre galaxie. Ses rêves d'enfance se réalisaient dans un univers où les songes n'avaient pas pour habitude de se concrétiser. Cet univers l'avait contraint à se forger patiemment des mondes de remplacement qui, dans l'atmosphère fantômatique de sa demeure, ne prenaient de substance que durant de trop brefs instants. Un univers où les étoiles, pareilles à de gigantesques joyaux, les paysages pourpres, les arbres tentaculaires, les Martiens à six doigts et à trompe d'éléphant, les nymphes ailées aux yeux immenses, les vampires aux lèvres rouges et aux dents acérées, demeuraient à jamais figés dans une décourageante immobilité.

A présent le temps du Voyage était venu.

Il se précipita vers les silhouettes qui s'amenuisaient tandis que le Graal émettait un champignon de fumée rouge, verte, jaune et pourpre traversée d'éclairs blancs. Il se précipita vers les corps qui le fuyaient silencieusement, glissant hors de sa portée comme d'inaccessibles patineurs.

— Attendez-moi ! hurla-t-il. Je viens avec vous !

Aussitôt, l'horizon cessa de s'éloigner, parut se précipiter à sa rencontre à la vitesse d'une locomotive émergeant d'un tunnel. Mais le sifflet strident était remplacé par des éclairs de lumière émeraude, topaze ou rubis, et les roues d'acier par des fulgurances d'un blanc éclatant alternant avec le noir insondable de l'espace.

Quelle qu'ait été la durée objective du phénomène, l'effet fut instantané : alors qu'à l'instant précédent il était encore dans la salle de bal, il se trouvait maintenant projeté dans une immense pièce où tout était gris — plafons, murs, sol. Il n'y avait pas de mobilier, pas plus que de portes ou de fenêtres. La seule lumière était celle qui s'échappait à flots du Graal.

Childe et les autres étaient là, eux aussi. Tout le monde échangeait des regards ahuris. Certains couples se trouvaient encore imbriqués l'un dans l'autre.

Childe fixait encore le Graal sur son piédestal.

Hindarf alla rapidement vers le mur et dit un mot. Une vaste portion de la paroi devint transparente, et un paysage d'une infinie désolation se découvrit à leurs yeux : ce n'était que rocs tordus et déchiquetés, à l'infini. Pas trace d'eau ou de végétation. Mais le ciel, bleu comme celui de la Terre, témoignait de la présence d'une atmosphère.

Childe dit :

— Venez ici, Forry. Prenez ma main.

— Pourquoi ? demanda Forry.

Néanmoins il s'exécuta.

Hindarf ouvrit une autre « fenêtre » sur le mur opposé. Là encore on apercevait un paysage de rocaile nue, mais au loin, près de l'horizon, il y avait une tache verte et quelque chose qui ressemblait à la cime de hauts arbres.

— Ce n'est pas notre monde — ni celui des Ogs ! s'écria Hindarf.

Il désigna le ciel, et Forry aperçut une lune pâle. Elle paraissait aussi grande que celle de la

Terre, mais sa surface était mouchetée de taches sombres disposées un peu comme sur les ailes d'un sphinx tête-de-mort.

Childe fit signe à Dolores del Osorojo, qui sourit et vint lui prendre la main droite. Childe prononça quelques mots en espagnol. Elle sourit à nouveau et hocha la tête.

— Mes connaissances d'espagnol s'arrêtent à peu près là, dit Childe. Mais elle préfère rester avec moi. Et je la veux avec moi.

— C'est la lune de Gruthrath ! s'exclma Hindarf. (Il se précipita vers Childe.) Capitaine ! Vous nous avez transportés sur le monde désertique de Gruthrath !

D'une voix glaciale, Childe dit :

— C'est un désert, mais vous pouvez très bien y subsister, vous et les Ogs. A condition de vous retrousser les manches et de vous mettre au travail.

Hindarf blêmit. D'une voix faible, il dit :

— Oui, sans doute. Mais vous n'allez pas nous... ?

— Ma mémoire ancestrale ou génétique — appelez-la comme vous voudrez — s'est débloquée, dit Childe. J'ai découvert qu'il y avait très peu de chances pour que les Tocs ou les Ogs me laissent partir une fois arrivés sur l'une de leurs planètes. Vous avez des Capitaines capables de neutraliser mes pouvoirs assez longtemps pour me réduire à l'impuissance. Et c'est ce qui se serait produit, car je suis en partie un homme de la Terre, et vous n'auriez jamais couru le risque de me faire confiance. Quelle que soit la planète d'arrivé, Toc ou Og, ses habitants m'auraient fait prisonnier. Ainsi d'ailleurs que les représentants du peuple adverse.

— C'est faux! clamèrent d'une seule voix Hindarf et Igescu.

— Je sais, dit Childe. Vous avez engagé une sorte de pari cosmique : vous ignoriez quelle serait la planète que je choisirais en premier, et vous n'aviez aucun moyen de le savoir. En essayant de m'influencer dans un sens ou dans l'autre, vous risquiez d'aboutir au résultat inverse de celui escompté. Vous avez donc joué votre va-tout. Et vous avez perdu tous les deux.

— Vous ne pouvez pas faire ça!

Dans un bel unisson, Tocs et Ogs se précipitèrent sur Childe.

Forry faillit lâcher la main qu'il tenait — ils allaient tous trois être mis en pièces. Mais Childe le retint d'une poigne de fer et lança :

— Allez tous vous faire foutre!

Puis plus rien.

Forry sentit un mince triangle de néant qui le frôlait, le jaillissement silencieux d'une flamme pourpre sous ses pieds, et il se retrouva dans le décor familier de la salle de l'American Legion, les pieds posés sur le plancher bien connu.

Il demeura un instant sans voix. Puis, lentement, il articula :

— Où est le Graal?

— Je l'ai laissé là-bas, dit Childe. Ça fait partie de mon pouvoir. Evidemment, cela signifie qu'il est désormais perdu pour moi. A moins qu'un autre Capitaine n'en ramène un ici.

— C'est tout ? dit Forry. Vous voulez dire que le voyage est terminé ?

— Comment, c'est tout ? Vous avez tous vos os intacts, et ça ne vous suffit pas ? répliqua Childe.

— Je m'étais plus amusé en allant voir *Barbarella*, bougonna Forry.

Childe éclata de rire :

— Vous êtes incorrigible !

Ils se rhabillèrent et se préparèrent à quitter la salle. Childe dit :

— A votre place, je tairais tout de cette affaire. Et je pense qu'il vaut mieux que nous ne cherchions pas à nous revoir.

Forry regarda Dolores. Elle avait revêtu un corsage blanc à décolleté de dentelle et un pantalon collant de couleur orange qui récemment encore moulait les formes d'une Toc.

— Et elle ?

Childe serra contre lui la jeune femme à la luxuriante chevelure sombre et répliqua :

— Je m'en occupe. Elle n'est peut-être pas tout à fait comme nous, mais elle n'a rien à se reprocher.

— Je l'espère, dit Forry. (Il tendit la main :) Eh bien, bonne chance. *Adiau*, comme nous disons, nous les Espérantistes.

— Adieu. Et ne ramassez pas trop de Graals en bois, dit Childe.

Forry le regarda pensivement s'éloigner, entourant de son bras la taille flexible de Dolores, la main reposant au creux de la croupe. Il n'arrivait pas à comprendre : comment pouvait-on renoncer à un pouvoir aussi inouï, tourner allègrement le dos aux étoiles ?

Mais au contact de la réalité familière de Los Angeles, ses vains regrets se dissipèrent. La pluie avait cessé, le ciel nocturne était dégagé et luisait d'étoiles, les avertisseurs cornaient, l'eau soulevée par les conducteurs indifférents aspergeait les piétons, une radio grinçait de la musique rock, quelque part une sirène d'ambulance gémissait.

Une demi-heure plus tard, il pénétra dans sa maison. Il s'arrêta net et eut un haut-le-corps : le Stoker avait de nouveau disparu !

Lorenzo Dummock descendait les marches, grattant sa poitrine velue et son ventre proéminent. Il ouvrit la bouche :

— Salut, Forry. Dites donc, vous pourriez pas me passer trois picaillons pour acheter de la bière et des cibiches ? Je suis vraiment à sec...

— Le tableau ! s'étrangla Forry en désignant l'espace vide sur le mur.

Lorenzo s'arrêta, prit un air ahuri, puis lâcha :

— Ah oui, j'avais oublié de vous dire. Ce type, comment s'appelle-t-il déjà ? Woolston Heepish ? Il s'est pointé il y a une heure environ, en disant que vous l'aviez autorisé à prendre le Stoker. Pour moi, c'était O.K. J'ai mal fait ?

Forry se rua dans son bureau et forma le numéro de Heepish. Son cœur bondit dans sa poitrine quand il entendit la voix suave au bout du fil.

— Pourquoi n'êtes-vous pas parti avec les autres ? aboya-t-il.

— Tiens, Forry ! Vous voilà de retour ! J'étais certain que vous ne reviendriez pas. C'est pourquoi je suis resté. Somme toute, je me plais bien ici. Et puisque vous n'aviez plus besoin de votre collection...

Forry faillit s'étrangler. Puis il parvint à placer :

— Attendez, ne quittez pas ! Je vous croyais enseveli sous la maison !

Heepish gloussa.

— Très peu pour moi ! Je m'en suis sorti en douceur. J'en avais par-dessus la tête de Childe, des Tocs et des Ogs — bien que ces derniers fussent mes frères de race.

— Rendez-moi mon tableau !

— Que diriez-vous d'un échange contre une pièce rare de Bok ?

Forry se demanda si Heepish n'avait pas dopé son café au LSD. Peut-être tout ce qu'il venait de vivre n'était-il qu'un rêve à l'acide lysergique ?

La voix de Heepish, soyeuse comme le bruit des ailes d'une chauve-souris dans la nuit, poursuivait :

— Peut-être pourrions-nous bientôt nous rencontrer ? Pour une petite conversation amicale ?

— Vous pouvez garder le tableau, si vous jurer de ne plus jamais vous retrouver sur mon chemin ! lança Forry.

Heepish étouffa un petite rire :

— Le Docteur Jekyll peut-il vivre sans Mister Hyde ?

Achevé d'imprimer en février 1991
sur les presses de l'Imprimerie Bussière
à Saint-Amand (Cher)

PRESSES POCKET - 8, rue Garancière - 75285 Paris
Tél. : 46-34-12-80

— N° d'imp. 277. —
Dépôt légal : février 1991.

Imprimé en France